Îndrăzneală

Cum să Luăm Decizii Rapid și Eficient

Dan Desmarques

22 Lions

Îndrăzneală: Cum să Luăm Decizii Rapid şi Eficient

Scris de Dan Desmarques

Index

Introducere   VII

1. Capitolul 1: Provocarea luării deciziilor   1

2. Capitolul 2: Căutarea conexiunilor reale   5

3. Capitolul 3: Depășirea îndoielii   9

4. Capitolul 4: Transformarea perspectivelor   13

5. Capitolul 5: Măștile conformismului social   17

6. Capitolul 6: Mentalitatea de turmă   21

7. Capitolul 7: Dinamica conformității   25

8. Capitolul 8: Complexitatea standardelor morale   29

9. Capitolul 9: Frica de schimbare   33

10. Capitolul 10: Triunghiul succesului   37

11. Capitolul 11: Disciplina și dezvoltarea spirituală   41

12. Capitolul 12: Dinamica karmei   45

13. Capitolul 13: Iluzia schimbării și confortul problemelor   49

14. Capitolul 14: Călătoria solitară a sufletului   53

15. Capitolul 15: Viaţa în tranşe de trei ani   57

16. Capitolul 16: Iluzia individualităţii   61

17. Capitolul 17: Natura dublă a ignoranţei   65

18. Capitolul 18: Iluzia conformismului   69

19. Capitolul 19: Transcenderea materialismului   73

20. Capitolul 20: Iluzia educaţiei   77

21. Capitolul 21: Provocarea adaptării la o lume în schimbare   81

22. Capitolul 22: Căutarea cunoaşterii adevărate   85

23. Capitolul 23: Manipularea emoţiilor   89

24. Capitolul 24: Eliberarea de iluzii   93

25. Capitolul 25: Puterea imaginaţiei   97

26. Capitolul 26: Închisoarea mentală a educaţiei   101

27. Capitolul 27: Vizualizare şi posibilitate   105

28. Capitolul 28: Călătoria către manifestare   109

29. Capitolul 29: Frica de posibilităţi   113

30. Capitolul 30: Confruntarea cu trauma   117

31. Glosar de termeni   121

32. Cerere de recenzie de carte   125

33. Despre autor   127

34. Scris tot de autor   129

35. Despre editor   139

Introducere

Într-o lume în care incertitudinea și indecizia ne paralizează adesea, capacitatea de a lua decizii rapid și eficient este esențială.Îndrăzneală: Cum să Luăm Decizii Rapid și Eficient este un ghid cuprinzător care vă oferă instrumentele și cunoștințele necesare pentru a face față cu încredere complexităților vieții. Mai mult decât o simplă colecție de teorii, această carte acționează ca un manual practic bazat pe vasta experiență și înțelepciune a autorului, pentru a vă ajuta să vă transformați procesul decizional și să vă atingeți obiectivele.

Ce veți învăța:

- Înțelegerea fricii și a indeciziei: descoperiți cauzele lor profunde și aflați cum să le depășiți.

- Arta de a lua decizii: explorați elementele care ne influențează alegerile și învățați cum să gândiți eficient pentru a maximiza rezultatele.

- Perspective transformative: obțineți o înțelegere mai profundă a dumneavoastră și a rolului înțelepciunii în luarea deciziilor corecte.

- Strategii practice: Învățați pași practici pentru a lua decizii rapid și eficient, chiar și în situații dificile.

- Exemple din viața reală: apelați la experiențele personale ale autorului și la anecdote care ilustrează principiile discutate.

Fie că sunteți student, profesionist sau o persoană care caută să se dezvolte personal, această carte oferă informații valoroase și sfaturi practice care pot fi aplicate în diverse aspecte ale vieții dumneavoastră. Prin înțelegerea dinamicii procesului decizional și a factorilor care ne influențează alegerile, vă puteți îmbunătăți capacitatea de a face alegeri informate și eficiente. Nu lăsați frica și indecizia să vă oprească. Îndrăzneală: Cum să Luăm Decizii Rapid și Eficient este foaia ta de parcurs către luarea deciziilor în siguranță și eficient.

Capitolul 1: Provocarea luării deciziilor

Multe dintre problemele vieții provin din dificultatea de a lua decizii sau din teama de a face greșeli. Cu toate acestea, experiența de a face greșeli și teama constantă de a face greșeli nu ne îmbunătățesc neapărat capacitatea de a lua decizii. Decizia corectă, luată cu încredere, provine din cunoștințe interne solide și se bazează pe înțelepciune. Deși este posibil să nu avem niciodată control asupra realităților viitoare, putem totuși să facem alegeri care să ne crească potențialul de succes. Marii lideri și antreprenorii de succes tind să ia deciziile corecte mai des deoarece recunosc elemente ale realității pe care mulți nu le pot vedea. Putem învăța să recunoaștem aceste elemente și să gândim eficient pentru a ne maximiza rezultatele în toate situațiile.

De-a lungul vieții, întâmpinăm probleme de rezolvat și dileme care ne cer să ne gândim la cea mai bună cale de acțiune. În cele din urmă, rezultatele alegerilor noastre sunt cele care dezvăluie semnificația lor. Nu ne putem întoarce în timp și, dacă am putea, poate că nu ne-am fi aventurat atât de departe în direcția greșită.

Cu toate acestea, fără acele greşeli, nu am fi învățat. Căutăm în permanență adevărul, fără să-l înțelegem niciodată pe deplin, pentru că şi el ne transformă. În fața acestor transformări, îi putem pierde pe mulți dintre oamenii pe care îi iubim şi îi respectăm, deoarece ei sunt cufundați în alte realități, cu provocări diferite de ale noastre.

Cu cât învățăm şi ne transformăm mai repede, cu atât mai repede va avea loc procesul descris. Totuşi, acest lucru nu înseamnă că rezultatele noastre vor fi mai vizibile. Transformările interne sunt rareori vizibile pentru ceilalți. Doar noi înțelegem semnificația tristeții, depresiei şi temerilor noastre. Ceilalți nu înțeleg aceste emoții în acelaşi mod, deoarece sufletele lor au trecut prin procese diferite în vieți şi locuri diferite. Întâlnim multe suflete de-a lungul vieții noastre, toate căutând aceeaşi fericire, pace şi împlinire spirituală, dar fiecare căutând-o diferit în vieți diferite. Dacă nu ar fi aşa, dacă adevărul ar fi deja în noi, toate dilemele ar fi simple iluzii. Într-un fel, acest lucru este adevărat dacă considerăm problemele ca iluzii pe diferite niveluri:

Primul nivel: ne confruntăm cu puterea inegalității şi a nefericirii.

Al doilea nivel: ne confruntăm cu polaritatea alegerii şi a posibilității.

Al treilea nivel: ne asumăm responsabilitatea pentru crearea problemelor noastre.

La acest ultim nivel, persoana nu mai spune „am fost trădată", ci „am ales persoana greşită". Nu mai spune „am devenit şomer pentru că am fost concediat", ci „mi-am ales slujba şi calea greşită în viață". Ei nu mai spun „sunt nefericit", ci „trebuie să îmi asum responsabilitatea pentru propria fericire".

Majoritatea oamenilor rămân între prima și a doua etapă, fie pentru că aleg să fie sclavii banilor și ai nevoii de a aparține unui sistem care le atribuie un nivel social, fie pentru că se simt dependenți de structuri emoționale pentru a supraviețui. În plus, marea majoritate a oamenilor trăiesc în teama de singurătate, care îi împiedică să exploreze noi căi în viață. Această teamă se manifestă în diverse moduri, cum ar fi dezaprobarea din partea celorlalți, criticile și moduri diferite de gândire care duc la segregare socială.

Eu, de exemplu, m-am mutat mult de-a lungul vieții mele și am avut locuri de muncă diferite în țări diferite. Ca urmare, toți cei cu care am intrat în contact au sfârșit prin a se distanța de mine. Au simțit că nu mai sunt aceeași persoană. Acest lucru este destul de normal, deoarece majoritatea oamenilor, deși au ochi să vadă, sunt orbi la sufletul altei persoane și la nemurirea acelui suflet. Oamenii se agață de stereotipuri și de percepții superficiale ale realității. Atunci când aceste percepții se schimbă, ei simt ca și cum persoana respectivă ar fi murit cu adevărat și o tratează ca și cum ar fi murit cu adevărat. Astfel, o persoană cu mulți prieteni nu are de ce să fie mândră, pentru că nu s-a schimbat suficient pentru a-i pierde. Oricum, toate acestea fac parte din viață.

Atunci când învățăm să facem alegerile corecte, și nu cele motivate de temerile noastre, toate iluziile dispar și ne asumăm responsabilitatea pentru viitorul nostru. Când vine acel moment, ne dăm seama că, potrivit Bhagavad Gita, „toate ființele din lume sunt într-o ignoranță profundă din cauza iluziei dualităților".

Toate dualitățile cu care ne confruntăm și, prin urmare, toate alegerile pe care trebuie să le facem se încadrează într-o dinamică care are mai puțin de-a face cu alegerea imediată din fața noastră și mai mult de-a face cu viitorul la care aspirăm.

Capitolul 2: Căutarea conexiunilor reale

Uneori suntem conduși de nevoile altor persoane, în timp ce în alte ocazii suntem copleșiți de alegerile pe care trebuie să le facem independent. Aceste situații sunt percepute ca fiind diferite doar pentru că nu am stăpânit arta de a lua decizii. De exemplu, egoismul devine evident atunci când cineva ne forțează să ne amânăm propriile obiective pentru a le îndeplini pe ale sale. Atunci când acest egoism este recunoscut, persoana respectivă ne pedepsește, de obicei, pentru ajutor. Deși poate părea absurd, oamenii egoiști tind să îi pedepsească pe cei care îi ajută, ca și cum ar fi conduși de o forță aflată în afara controlului lor. Prin urmare, a ajuta o persoană egoistă nu este o alegere reală. Ea are mai mult de-a face cu starea psihică a persoanei care caută ajutor decât cu ajutorul solicitat.

Reflectând asupra oportunităților pe care le întâlnim în viață, îmi amintesc că am primit trei oferte de muncă: una în Europa, alta în Asia și o a treia după ce acceptasem deja postul din Asia. Ofertele europene erau mai profitabile din punct de vedere financiar. Cu toate acestea, decizia mea de a merge în Asia nu a fost motivată de bani, ci de dorința de a cunoaște culturi diferite. Prin urmare, salariul şi locaţia nu erau cele mai importante aspecte. În această perioadă, am primit mai multe oferte de muncă din Europa, toate cu salarii mai mari, dar le-am refuzat pe toate.

Este adesea dificil pentru ceilalţi să înţeleagă acest lucru, deoarece oamenii sunt în general conduşi de instinctele de bază. Dacă nu sunt motivaţi de mâncare şi sex, sunt motivaţi de bani. Ei iau decizii pe baza acestor factori şi sunt surprinşi de problemele cu care se confruntă, considerând în general că oamenii ca mine sunt norocoşi. Ghidate de căutarea plăcerii şi de dorinţa de a evita efortul, ele nu înţeleg sensul profund al existenţei lor. Ca urmare, nu reuşesc să vadă oportunităţile din spatele alegerilor pe care le fac, de obicei de natură mai puţin satisfăcătoare. Multe dintre cele mai mari oportunităţi din viaţa mea au apărut pe căi pe care toţi cunoscuţii mei le-ar respinge, deoarece au necesitat multă muncă, sacrificii şi riscuri.

În general, oamenilor le lipseşte conştiinţa de sine şi nu pot gândi dincolo de instinctele lor primitive, motiv pentru care marea majoritate nu sunt destinaţi bogăţiei. Lăcomia, incompetenţa, lipsa de percepţie, lipsa motivaţiei de a învăţa, lenea şi lipsa de onestitate îi îndepărtează pe toţi cei care îi pot ajuta. Astfel, ei trăiesc în paradoxul de a dori mai mult, dar de a nu avea calităţile care i-ar face demni. Rareori iau decizii bazate pe curiozitate, pe dorinţa de a învăţa sau pe iubire. Ei se concentrează doar pe satisfacţia imediată şi pe supravieţuire.

Oamenii îşi irosesc ani din viaţă care ar putea fi petrecuţi mai bine pregătindu-se pentru oportunităţile pe care le caută sau, cel puţin, construindu-şi o reţea de oameni pe care îi admiră, mai degrabă decât oameni de la care caută să extragă cunoştinţe şi oportunităţi. Problemele cu care se confruntă, care sunt în esenţă de natură spirituală, li se par normale, deoarece au o conştiinţă scăzută. Ei acceptă aceste probleme ca făcând parte din viaţă şi îşi rezumă existenţa prin afirmaţii care le raţionalizează şi le justifică alegerile. Ei dau vina pe un eveniment trecut din viaţa lor ca fiind cauza rezultatelor lor, pentru că nu îşi asumă responsabilitatea pentru propriile gânduri. S-au obişnuit atât de mult cu acest obicei, încât adesea nu au niciun control asupra minţii lor.

Când mă întâlnesc cu aceşti oameni, ei mă văd din acelaşi unghi din cauza mentalităţii lor. Simulează prietenia când vor ceva de la mine şi dispar când nu găsesc ceea ce caută. Mulţi dintre cei care mă cunosc presupun că sunt bogat şi, atunci când descoperă că nu am acumulat lucrurile pe care ei le preţuiesc şi le doresc, mă consideră un ratat. Aceste concluzii provin din ignoranţa lor, pe care refuză să o înveţe de la mine. Cu toate acestea, menţionez acest lucru nu din aroganţă, ci din altruism, deoarece am soluţii la problemele cu care se confruntă, dar ei nu le vor niciodată. Iluziile lor devin parte din aroganţa propriului lor caracter. Ei refuză să asculte, crezând cu aroganţă că mă înţeleg şi că ştiu motivul întâlnirii noastre.

Cu toate acestea, problemele pe care le întâmpinăm şi oamenii pe care îi întâlnim transcend timpul, făcând din aceste întâlniri mai mult decât simple coincidenţe. Atragem ceea ce este deja în noi: primim când dăm şi dăm când primim. Este posibil să nu ştim întotdeauna ce le oferim celorlalţi, deoarece acţionăm într-un mod personal. Cu toate acestea, prezenţa noastră şi cuvintele noastre bune pot fi exact ceea ce au nevoie.

De exemplu, eu călătoresc mult şi petrec mult timp lucrând la cărţi şi nu aştept nimic mai mult de la ceilalţi decât compania lor, dar adesea ei nu înţeleg acest lucru pentru că nu cunosc valoarea libertăţii. De asemenea, ei nu apreciază bunătatea şi, prin urmare, îmi irosesc timpul cu grosolănie. Încercarea de a părea inteligent nu mă impresionează, iar majoritatea oamenilor se comportă prosteşte, deoarece o persoană inteligentă nu se hrăneşte cu creier, ci cu bunătate şi onestitate. Doar ignoranţii, săracii şi cei needucaţi cred că imaginea socială este mai importantă decât caracterul.

Capitolul 3: Depășirea îndoielii

Mulți oameni mă abordează doar atunci când vor ceva, ignorând aspectele emoționale ale prieteniei. Atunci când obțin informația dorită sau își dau seama că nu o vor găsi, dispar, nedorind să se angajeze într-un schimb reciproc. Acest comportament a fost deosebit de surprinzător în cazul persoanelor religioase, în special al creștinilor, până când m-am obișnuit cu ipocrizia răspândită în rândul acestora. Majoritatea oamenilor nu caută cu adevărat religia; ei doresc un grup care să le ofere oportunități, un statut social mai ridicat și satisfacerea nevoilor de bază, cum ar fi familia și procrearea. Ei văd religia ca pe o formă de comunitate, nu ca pe o cale de dezvoltare spirituală, așa că acceptă și apără cu ușurință dogma. Dogma devine parte a identității lor, la fel cum comunitatea devine tot ceea ce au.

Cu toate acestea, deși egoismul este comun, indivizii egoiști sunt adesea nefericiți pentru că nu pot crea legături reale. De fapt, cu cât întâlnim mai mulți oameni diferiți, cu atât ne dăm seama că nefericirea se manifestă în moduri diferite, toate înrădăcinate în ignoranță, iluzie și egoism. Numai atunci când o persoană devine conștientă de dilemele existențiale într-un context emoțional, ea evoluează de la o stare emoțională la o stare socială. Până atunci, sunt doar niște primate, similare oamenilor, care caută satisfacția personală în detrimentul celorlalți. Acest lucru nu îi face sociali, ci mai degrabă psihopați și narcisiști care au găsit o modalitate de a se adapta la societate.

În viața noastră, întâlnim în mod inevitabil oameni care ne exploatează, ne folosesc și ne umilesc în beneficiul lor. Aceste experiențe pot crea obstacole în personalitatea noastră, manifestându-se de obicei sub forma îndoielilor. Îndoiala este ca o otravă dulce, administrată de obicei de cei care pretind că ne iubesc sau ne doresc prietenia. Când ne îndoim de noi înșine, ne otrăvim propria personalitate. Cu toate acestea, adevăratul sine - ființa completă și nemuritoare - rămâne în noi, adormit, așteptând trezirea. Această trezire vine prin cunoașterea adevărată, care ridică mintea la o stare superioară de conștiință. Această cunoaștere poate fi obținută doar prin intermediul celor care sunt capabili să îi înalțe pe alții, iar cineva trebuie să fie dispus să primească această înălțare.

Sufletul nemuritor, deși este întotdeauna prezent, este trezit doar atunci când întâlnește un individ conștient. În această stare, individul, care până atunci era împotmolit într-o existență animalică, devine capabil să își stăpânească instinctele și să se abandoneze eului superior din interior, spiritul nemuritor înzestrat cu capacitatea de a vedea prin întuneric. Acest războinic luminat înțelege, pentru prima dată, scopul armurii și al sabiei sale, care au fost întotdeauna acolo pentru a-l proteja. El le folosește pentru a ucide dragonul instinctului care l-a controlat atâta timp.

Totuși, acest dragon nu moare niciodată cu adevărat; el reapare în noi culori și forme grotești. Acest dragon este însăși societatea, coruptă de instinctele primare. Orice ființă înrobită de instincte și condusă de frică - fie că este vorba de instinctul de supraviețuire și frica de moarte, de nevoia de plăcere și frica de singurătate - este o fiară diabolică, un demon. Acesta este iadul de care ne temem, dar care ne înconjoară pe această planetă pe care o numim Pământ.

Adevărata înțelegere a căii spiritului nostru - scopul existenței noastre, modelat de nenumărate vieți care au condus la momentul prezent - se dezvăluie în reflecția societății, cu mecanismele și oportunitățile sale de supraviețuire. Această înțelegere conduce la adevărata fericire. Cu toate acestea, această fericire nu este niciodată completă, deoarece corpul fizic suferă, mintea nutrește temeri și rămânem vulnerabili la trădare, rău sau chiar crimă. Prin urmare, este o fericire parțială în cadrul structurii sociale diabolice, o stare anarhică în cadrul unui sistem structurat, în care ne urmăm propria cale ca elemente sociale. Aceasta poate implica să facem ceea ce alții consideră imposibil, să trăim în moduri pe care ei nu le înțeleg sau să respingem obiceiuri pe care ei le consideră esențiale.

Atunci când atingem această stare de spirit, ne recunoaștem valoarea în cadrul sistemului și îl putem schimba cu ușurință pe măsură ce dobândim noi competențe și ne ajustăm personalitatea, înțelegând implicațiile pentru mediul nostru. Nu ne mai este teamă să ne schimbăm viața, țara, cultura, stilul de viață sau profesia pentru a ne continua călătoria, nici să ne pierdem legăturile emoționale.

Nemurirea sufletului nostru şi cunoştinţele pe care le-am acumulat se manifestă în aceste tranziţii şi transformări, în special prin interacţiunile cu străinii. Poate că aceasta este cea mai rapidă cale către descoperirea de sine, prin comunicarea cu ceilalţi şi modul în care aceştia reflectă starea noastră interioară. De exemplu, presupunem adesea că oamenii nu ne plac pentru că nu le zâmbim, dar majoritatea oamenilor sunt prea ignoranţi şi egocentrici pentru a şti de ce urăsc pe cineva. Ei sunt prea absorbiţi de propria lor lume interioară pentru a judeca corect despre ceilalţi. Gândurile lor nu sunt altceva decât reflexii ale subconştientului lor, plin de traume nerezolvate pe care vor să evite să le repete. Astfel, o mare parte din ura din lume este o proiecţie internă a temerilor şi nesiguranţei.

Capitolul 4: Transformarea perspectivelor

Majoritatea oamenilor se tem pentru propria lor supraviețuire, ceea ce alimentează discriminarea, rasismul și xenofobia. Alții se tem să se simtă inferiori sau neinteligenți, ceea ce îi determină să îi insulte și să îi jignească pe cei pe care îi consideră amenințări sau mai inteligenți decât ei. Nu mi-am dat seama niciodată câtă animozitate au oamenii față de scriitori până când am început să răspund că sunt unul dintre ei atunci când eram întrebat despre profesia mea. Majoritatea oamenilor sunt inconștienți și profund ignoranți, înțeleg lumea printr-o lentilă practică și trăiesc cu teama constantă de a le fi expusă fațada. Ei se concentrează pe funcționalitatea imediată și resping tot ceea ce nu se încadrează în viziunea lor asupra lumii.

Puțini depășesc această mentalitate. Acest lucru este evident în modul în care se prezintă, întrebând adesea despre munca și trecutul celeilalte persoane pentru a forma imediat un stereotip. Întreaga interacțiune se bazează apoi pe aceste două întrebări, o condiție comună a ignoranței. Acest lucru oferă persoanei ignorante iluzia că își înțelege interlocutorul și forțează receptorul stereotipului să se conformeze sau să riște să pară greșit, pierdut și ignorant pentru că este diferit și conștient de unicitatea sa.

Acesta este motivul pentru care conștientizarea nu poate fi menținută în rândul oamenilor ignoranți. Oamenii ignoranți caută să îi controleze pe ceilalți și mediul înconjurător pentru a-și reduce anxietatea cauzată de nesiguranță, astfel încât nu riscă niciodată să meargă dincolo de ceea ce știu. Conversațiile lor sunt motivate de obsesia de a controla comunicarea prin noțiuni preconcepute despre ce să întrebe și cum să răspundă pentru a părea normali. Prin gândirea și comunicarea lor bazate pe frică, rămân exact acolo unde sunt, indiferent cât de mult pretind că vor să se schimbe. Decenii și chiar o viață vor trece și îi veți vedea exact acolo unde au fost întotdeauna: gândind, acționând și exprimându-se în același mod. De fapt, îți vor vorbi în funcție de imaginea pe care o au despre tine, presupunând că nu te-ai schimbat niciodată, la fel ca ei.

Ați avut vreodată experiența de a vorbi cu cineva care nu vă vede cu adevărat? Dacă membrii familiei tale nu se simt inconfortabil cu tine și, mai presus de toate, dacă te iubesc așa cum ești, înseamnă că faci ceva greșit în viața ta, pentru că asta înseamnă că nu te-ai schimbat suficient de mult încât să îi derutezi.

Nu putem lua întotdeauna deciziile corecte, mai ales atunci când există presiunea timpului. Cu toate acestea, cu cât integrăm mai mult cunoașterea și adevărul în personalitatea noastră, cu atât deciziile noastre devin mai naturale și mai corecte, chiar și în cele mai dificile momente. Artiștii marțiali înțeleg foarte bine acest concept. Ei învață să reacționeze în diferite situații care apar rar în viața de zi cu zi, iar această conştientizare a pericolului le permite să evite conflictele şi să ia decizii mai bune în alte contexte. Cel mai mare beneficiu al practicării artelor marţiale este controlul fricii, emoţia care ne împiedică cel mai adesea să acţionăm corect în viaţă şi să explorăm medii noi.

Învăţarea despre viaţă oferă nenumărate oportunităţi de a înţelege noi perspective în orice moment. Dacă ne gândim că mintea noastră funcţionează prin adaptarea la modelele de realitate pe care le poate reprezenta, vom vedea că conştientizarea adevărului este limitată de doar trei factori

- lipsa de cunoştinţe despre elementele care ne influenţează viaţa;

- lipsa de înţelegere a interacţiunilor dintre aceste elemente.

- asimilarea incorectă a elementelor realităţii care interferează cu structura universală şi atemporală a vieţii.

Învăţarea are un efect similar în fiecare dintre aceste cazuri, deoarece reprezintă recunoaşterea unor noi contexte ale realităţii care influenţează modul în care ne observăm, ne modelăm şi ne restructurăm identitatea. Sentimentul nostru de identitate este strâns legat de percepţia şi înţelegerea noastră a realităţii. Modul în care îi vedem pe ceilalţi defineşte cine suntem ca oameni şi cum ne gândim la rolul nostru în societate. Această înţelegere elimină treptat sentimentul de probleme nerezolvate, deşi acestea nu încetează să existe. Este o operaţiune care duce la descărcarea energiilor negative prin purificarea şi reînnoirea celor care există deja prin conştiinţă. Cu alte cuvinte, nu este vorba atât de mult despre ceea ce s-a întâmplat în trecut, ci despre înțelegerea trecutului și a modului în care acesta v-a afectat calea actuală de viață.

Trecutul nu poate fi schimbat, dar modul în care îl asimilăm pentru a construi un viitor mai bun poate. Fie că ai fost atacat pe nedrept, insultat, ai pierdut ceva important în viața ta sau ai făcut greșeli care ți-au dus viața într-o nouă direcție, ceea ce contează acum este măsura în care poți continua să exiști cu aceeași personalitate pe care o aveai înainte de aceste evenimente. Ceea ce contează cu adevărat sunt visele tale, iar tu le poți avea din nou întotdeauna. Pentru cei care au credință, nu este nevoie de nimic altceva. Cu toate acestea, cei care au totul și totuși nu au credință nu pot fi ajutați atunci când trebuie să ia decizii dificile, deoarece posesiunile și atașamentele lor emoționale sunt tot ceea ce au și nu pot face față transformărilor impuse de destin.

Capitolul 5: Măștile conformismului social

Î n timpul celui de-al Doilea Război Mondial, mulți oameni au refuzat să creadă poveștile despre atrocitățile naziste și au fost reticenți în a-și părăsi casele și mijloacele de trai. Cu toate acestea, o vizită într-un lagăr de concentrare din Polonia - o țară care încă se confruntă cu rasismul - dezvăluie realitatea dură a acelor vremuri. Această deconectare între trecut și prezent persistă, deoarece oamenii povestesc adesea evenimente istorice ca și cum ar fi amintiri îndepărtate, nereușind să recunoască relevanța lor continuă.

Am vizitat odată o țară ai cărei cetățeni aveau un comportament atât de aberant încât semănau cu extratereștrii. Acțiunile lor erau atât de psihotice încât întreaga națiune semăna cu o casă de nebuni, cu toată lumea având aceleași iluzii și considerându-și comportamentul normal. Este fascinant de observat că vizitatorii din alte țări asimilau adesea aceste obiceiuri și le scuzau, considerându-le norme culturale. În dorința lor de a se integra, străinii acceptă aceste caracteristici ca fiind tipice, normalizând involuntar comportamente care ar trebui criticate și respinse.

Când am început să pun la îndoială aceste comportamente, am fost acuzată că sunt negativă, neprietenoasă și incapabilă să mă adaptez la cultura locală. Majoritatea oamenilor m-au văzut ca fiind problema. Dar în acest scenariu, cine era de fapt de vină: eu sau cultura?

Dacă aș fi urmat orbește mulțimea, aș fi putut presupune că ei aveau dreptate și eu nu. În schimb, m-am scufundat în istoria regiunii. Am descoperit că, atunci când cavalerii teutoni au invadat zona în 1411, au găsit oameni care încă mai practicau sacrificiul uman. Da, până în 1411, acești oameni își ardeau și spânzurau proprii cetățeni pentru a-i onora pe zeii păgâni. Mai mult, când naziștii au invadat regiunea în 1945, nu au avut nevoie de lagăre de concentrare, deoarece cetățenii își trădau proprii vecini, oameni cu care erau prieteni de ani de zile.

De asemenea, am aflat că această țară extrem de xenofobă și rasistă are una dintre cele mai ridicate rate de sinucidere din lume. Așadar, într-o cultură plină de sacrificii umane, sinucideri și prejudecăți, mi s-a spus că am greșit. Amintiți-vă acest lucru data viitoare când un grup mare vă spune că vă înșelați în legătură cu ceva - uneori chiar și milioane de oameni pot rata ceea ce este evident. Acest exemplu, care se referă la teritoriul Lituaniei din Europa, este doar unul dintre multele din întreaga lume.

Diverse studii psihologice au arătat că majoritatea oamenilor au tendința de a-și schimba comportamentul și gândirea, recurgând chiar la necinste, pentru a se adapta acțiunilor altora. Ca urmare, te afli adesea înconjurat de oameni care spun lucruri fără sens. Cu cât vă raportați mai mult la acești oameni, cu atât mai multe absurdități veți întâlni. Singura soluție viabilă este să le permiți celor care cred că au dreptate (iar tu greșești) să continue să existe în lumea lor confortabilă, iluzorie, în timp ce tu îți vezi de viața ta. Nu veți putea schimba miliardele de oameni care acționează în acest fel și nici pe cei pe care îi cunoașteți care urmează mulțimea și își bazează opiniile pe majoritate.

Mulți evită gândirea critică deoarece aceasta implică responsabilitate și libertatea de a-și însuși propriile gânduri, ceea ce poate fi intimidant. Ca urmare, le este mai ușor să raționalizeze orice fapt pe baza convingerii că majoritatea are întotdeauna dreptate. În esență, majoritatea nu gândește independent, ci raționalizează observațiile pe baza moralității grupului. Aceasta este sursa conceptelor lor despre bine și rău. Adesea, nu aveți de-a face cu o ființă umană cu adevărat conștientă, ci cu o ființă vie care nu are un suflet trezit, un fel de „mort viu". Am observat comportamente similare în diferite culturi și religii, ceea ce m-a ajutat să înțeleg limitele perspectivelor oamenilor.

Nu-i poți schimba pe cei ignoranți, dar poți învăța din ei. De exemplu, vă puteți da seama că majoritatea oamenilor sunt lipsiți de speranță; ei se agață de gândurile lor toată viața pentru că sunt rezistenți la schimbare. A petrece timp cu ei nu este doar inutil, ci și dăunător pentru încrederea în sine. În plus, multe persoane pe care le cunosc, inclusiv membri ai familiei, erau supărate pe mine pentru că credeau că lumea prezentată la televizor era mai reală decât experiența mea personală. Erau convinși că aveau dreptate pentru că văzuseră, de exemplu, un program de o oră despre Finlanda și credeau că eu, care fusesem acolo și aveam o părere diferită, mă înșelam.

Am avut aceeaşi problemă cu opiniile mele despre China, pe care le cunoşteau doar de la televizor. Ei credeau că eu, care locuiam acolo la acea vreme, minţeam în legătură cu totul sau nu cunoşteam ţara la fel de bine ca ei, pentru că ei învăţaseră totul de la televizor. Este uimitor şi aproape de necrezut cât de ignoranţi pot fi oamenii. Dar apoi îţi dai seama că nu eşti înconjurat de indivizi capabili de o conversaţie semnificativă, ci de oameni care urmează mulţimea fără să gândească.

Marea majoritate a oamenilor sunt într-o stare de spirit cu adevărat deplorabilă. Cu toate acestea, lumea celor ignoranţi nu este aceeaşi cu lumea celor de succes. Trebuie să înveţi să faci faţă dezamăgirii, trădării, minciunilor, manipulării şi abandonului din partea celor care chiar cred că au dreptate şi se consideră mari şi pozitivi.

Capitolul 6: Mentalitatea de turmă

Mințile celor cu adevărat ignoranți sunt de obicei pline de idei iluzorii despre ei înșiși. Pentru ei, oricine le contestă convingerile este considerat nebun. Ei sunt hotărâți să îi împiedice pe alții să aibă succes în moduri diferite de ale lor, deoarece un astfel de succes ar scoate în evidență propriile lor eșecuri. Ei văd lumea ca pe o competiție în care aproape că nu există loc pentru ideea de a face ceva diferit. Gândurile lor sunt modelate de ceea ce ei consideră că este bine sau rău pentru majoritate.

Dacă realizați ceea ce alții consideră imposibil, ei vor găsi motive să vă discrediteze realizările. Ei pot susține că ați trișat, le-ați furat cunoștințele sau pur și simplu ați avut noroc și nu vă meritați succesul. Ei nu vor recunoaște niciodată orele pe care le-ați muncit sau cărțile pe care le-ați citit, deoarece aceste fapte nu se încadrează în viziunea lor asupra lumii.

În general, acești oameni cred că toți oamenii bogați au furat, au trișat sau pur și simplu au avut noroc. Aceasta este lumea lor mentală. Mulți oameni pe care îi întâlnesc în întreaga lume presupun că fur informații pentru cărțile mele sau că profit de ceva ilegal, în timp ce alții cred că sunt norocos că pot să scriu și să trăiesc din asta. Ei cred că cunoștințele mele sunt ușor accesibile și că mă pot îmbogăți doar împărtășindu-mi gândurile. Ei nu înțeleg distincția între ceea ce este real și ceea ce este fantezie, între ceea ce este cunoaștere practică și ceea ce este opinie fără valoare, sau între ceea ce necesită studiu și ceea ce poate fi exprimat doar ca opinie personală. Ei nu sunt conștienți de efortul intelectual pe care îl implică gândirea eficientă și analiza informațiilor. Nu au instrumentele necesare și nu sunt conștienți de existența lor. Ei chiar cred că cineva ca mine poate scrie prostii și le poate vinde cititorilor. Aceasta este lumea în care trăiesc.

Pentru mulți, această lume este atât de reală încât refuză să creadă ceea ce scriu, chiar dacă îmi cumpără cărțile. Este descurajant să fii martorul unei asemenea ignoranțe, dar aceasta este realitatea vieții într-o lume în care oamenii sunt orbi și rămân în întuneric toată viața lor. Am întâlnit mulți oameni care și-au petrecut viața căutând răspunsuri, dar refuză să citească soluțiile oferite în cărțile mele. Ei se consideră mai deștepți decât mine și continuă să caute răspunsuri în locuri greșite.

Este interesant de observat că ei judecă cunoștințele și inteligența după aparențe și validează doar informațiile care se potrivesc stereotipurilor lor. Aceasta nu ar fi o dovadă atât de flagrantă de ignoranță dacă nu s-ar înșela cu privire la mentorii pe care i-au ales și la capacitatea lor de a-i înțelege. Așa cum sugerează multe texte religioase antice, Dumnezeu îi ține orbi pe aroganți, astfel încât aceștia să nu vadă niciodată secretele pe care nu le merită.

Aroganții sunt complet orbiți de lumea superficială care le este prezentată. Această viziune asupra lumii este întărită zilnic prin observațiile și obiceiurile lor. Ei nu se pot schimba; au fost transformați în piatră, ca și cum ar fi hipnotizați de Medusa lumii iluzorii. Sunt stagnante din punct de vedere mental, iar raționamentele lor sunt simple produse secundare ale stării lor mentale, ca și cum și-ar imagina doar că gândesc. În timp, refuzul lor de a gândi devine un handicap, deoarece își pierd capacitatea de a discerne și de a vedea dincolo de propriile convingeri. Ei devin prinși în propria lor viziune asupra lumii, condamnați la eșec. Eșecul devine norma.

Marea majoritate a oamenilor cred că gândesc, dar nu o fac. Atunci când sunt confruntați cu ignoranța lor, adesea se simt ofensați. Acest lucru se datorează faptului că sunt atât de convinși de minciunile care îi înconjoară, încât nu pot suporta să li se spună că se înșeală complet. Cea mai eficientă închisoare este convingerea că ești liber, când de fapt ești prizonierul propriilor tale temeri și gânduri. Deoarece majoritatea oamenilor nu gândesc, ci doar raționalizează ceea ce turma crede că este corect, temerile lor reflectă cele ale turmei. Ei se tem de un lup pe care nu l-au văzut niciodată și au încredere în păstorii care îi exploatează: lideri, politicieni, preoți etc.

Putem observa diferențe clare între oameni prin stilul lor de comunicare. O persoană se poate percepe ca fiind antisocială sau cu dificultăți de comunicare din cauza comportamentului celorlalți față de ea și a acuzațiilor cu care se confruntă ca urmare a frustrărilor acumulate în interacțiunile lor. Ori de câte ori cineva gândește diferit de majoritate, majoritatea, cu mentalitatea sa de turmă, presupune că minoritatea greşeşte şi încearcă în diverse moduri să o readucă în grup.

24

Capitolul 7: Dinamica conformității

Atunci când oamenii încearcă să îmi schimbe modul de gândire și nu reușesc, se simt adesea inconfortabil și insultați. Ei cred că fac un efort pozitiv, în timp ce mă etichetează drept antisocial. Rareori se gândesc că îmi încalcă identitatea sau îmi subestimează analizele. Pentru că analizez lucrurile diferit, sunt considerat greșit pentru că nu sunt de acord cu majoritatea. Faptul că sunt de acord cu majoritatea și își raționalizează opiniile îi face să prețuiască aceste justificări în detrimentul analizei mele.

Acest scenariu reflectă diverse studii privind psihologia presiunii de grup, în care s-a demonstrat că indivizii își schimbă opiniile pentru a se conforma părerii grupului, chiar și atunci când știu că greșesc. De exemplu, dacă un grup insistă că ceva real nu este adevărat, un individ, deși nu este de acord, se simte obligat să se conformeze grupului. Dacă un nou membru nu este de acord, individul din situația anterioară îl va convinge pe noul venit să adopte comportamentul grupului, chiar dacă știe că acesta a fost greșit.

Diverse experimente au arătat cât de uşor pot fi manipulaţi oamenii. Este interesant de observat că cei care se consideră mai inteligenţi decât ceilalţi tind să fie cel mai uşor de manipulat, tocmai pentru că simt mai multă presiune pentru a fi un „băiat bun”. Ei caută aprobarea celorlalţi şi, prin urmare, se conformează la ceea ce li se pare corect pentru a atinge acest obiectiv. Atunci când guvernele şi organizaţiile tiranice au realizat cât de uşor este să schimbi comportamentul majorităţii prin asocierea ideii de „băiat bun” cu comportamentul dorit, revoluţiile au fost declanşate cu uşurinţă şi au apărut ideologii precum comunismul. Astăzi, în ţări precum China, suntem martorii puterii acestui factor. Guvernul chinez a stabilit un sistem de puncte pentru populaţie, în care „cetăţeanul bun” este cel care acumulează cele mai multe puncte, ceea ce insuflă teama de a fi „diferit” şi sporeşte opresiunea pe care o suferă deja.

Este foarte uşor să controlezi o populaţie care se teme să gândească diferit. Influenţaţi de mass-media şi de dorinţa de acceptare socială, oamenii tind să judece realitatea după aparenţe şi să accepte acea realitate ca fiind adevărată. Atunci când se confruntă cu o multitudine de opţiuni, aceştia acordă prioritate tendinţelor şi îşi formează o viziune a realităţii în conformitate cu majoritatea, adică aşa-numita masă socială. În consecinţă, tot ceea ce este diferit este întâmpinat cu prejudecăţi. Oamenii judecă negativ ceea ce este diferit pentru a-şi reduce anxietatea şi pentru a exclude comportamentul sau persoana care îl manifestă.

Înainte de a fi analizat, ceea ce este diferit declanşează un răspuns automat şi instinctiv. Astfel, închisoarea mentală creată de convingeri este ulterior consolidată de teama de diferenţă. Cu cât o persoană acumulează mai multă teamă, cu atât capacitatea sa de a gândi scade mai mult, până la punctul în care devine practic incapabilă de a îndeplini rațional chiar și sarcini elementare. Lumea lor se rezumă la o rutină de obiceiuri: mâncare, muncă, somn și plimbări în grădina de lângă casă la sfârșit de săptămână. Este o viață asemănătoare cu cea a animalelor lor de companie, ceea ce poate explica de ce se regăsesc atât de mult în ele.

Să ne gândim la o persoană care urmează un curs de comunicare și învață toate elementele unei comunicări eficiente. Cu aceste cunoștințe, ea trage concluzii prin analiză comparativă și deducție. Ajung să realizeze că cei pe care îi acuză de ignoranță împărtășesc aceleași caracteristici contextuale, adică presupuneri care nu sunt neapărat adevăruri concrete, ci adevăruri percepute. Această realizare îi transformă pe indivizi, deoarece aceștia încep să înțeleagă cine sunt sau cine vor să fie în contextul lor social. Ei își dau seama că mare parte din ceea ce percep ceilalți este filtrat prin sisteme de prejudecăți.

Oamenii analizează prezentul pe baza trecutului lor și adoptă greu noi moduri de gândire pentru că se tem să nu fie diferiți. La acest nivel de interpretare, comunicarea nu poate avea loc fără un conflict de interese. Din acest motiv, persoanele care citesc mult au adesea dificultăți în a comunica cu cei ignoranți. Oamenii ignoranți tind să raționalizeze pe baza a ceea ce cred ei că este adevărat. Cu toate acestea, adesea cei mai ignoranți oameni par să aibă succes în afaceri. Ei trăiesc într-un adevăr care funcționează pentru ei, dar în interior se simt nefericiți. În cele din urmă, totul se reduce la valorile fiecăruia.

Capitolul 8: Complexitatea standardelor morale

O persoană cu standarde morale înalte întâmpină adesea dificultăți în a se adapta la un stil de viață care prioritizează câștigul financiar în detrimentul fericirii personale. Această evoluție este de obicei însoțită de ridiculizare, ostracizare și discriminare. O mare parte din vinovăția pe care o simțim este legată de frică: frica de respingere, frica de pierdere și frica de opoziție din partea familiei sau a prietenilor. Vinovăția este o emoție atât de puternică, care induce teamă, încât mulți oameni o folosesc pentru a ne împiedica să ne schimbăm, cu fraze precum „Gândește-te la copiii tăi" sau „Cum poți să-ți dezamăgești părinții?". De asemenea, mulți internalizează această vină, angajându-se în dialoguri interne precum „Trebuie să mă gândesc la copiii mei" sau „Nu-mi pot dezamăgi părinții".

Vina poate deveni o barieră impenetrabilă în calea succesului. Mulți oameni nu iau în considerare alternative până când nu au epuizat toate opțiunile, cum ar fi să își lase copiii cu membrii familiei pentru un an sau doi, pentru a oferi condiții de viață mai bune şi sprijin financiar părinţilor. Majoritatea oamenilor nu gândesc pe termen lung şi irosesc mulţi ani din viaţa lor. Cu toate acestea, cele mai semnificative schimbări necesită întotdeauna timp şi implică riscuri ridicate care nu pot fi depăşite prin agăţarea de prea multe ataşamente emoţionale.

Gândiţi-vă la ataşamentele dvs. emoţionale ca la obiectele de pe o barcă: dacă sunt prea multe, barca se scufundă. Când sunt valuri puternice, dacă barca nu poate pluti uşor, aceste obiecte o pot face să se scufunde. Acelaşi lucru se întâmplă şi în viaţa noastră, deşi nu vrem să asimilăm persoanele pe care le iubim cu obiecte. De exemplu, pentru o mare parte din viaţa mea, a trebuit să las prieteni în urmă pentru a-mi atinge obiectivele. Am sperat întotdeauna că aceşti prieteni nu mă vor uita, dar de multe ori au făcut-o. Această experienţă m-a învăţat că nimeni nu este cu adevărat prietenul nimănui. Marea majoritate a oamenilor sunt prieteni doar cu ei înşişi. Ceea ce le aduci prin prietenie este valabil doar cu prezenţa ta. Nu este întotdeauna aşa, dar de obicei este.

În aproape toate situaţiile în care oameni pe care nu i-am mai văzut de mulţi ani au vrut să vorbească cu mine, a fost pentru că doreau ceva - o slujbă, o oportunitate de afaceri, ceva de care aveau nevoie - şi nu pentru că simţeau o conexiune reală. Acea conexiune s-a întâmplat poate cu zece persoane din cele peste 10.000 pe care le-am întâlnit în 15 ani. Îmi este foarte uşor să-mi fac prieteni. Oamenii sunt mereu surprinşi de cât de repede îmi fac prieteni în orice ţară. Cu toate acestea, printre aceste numeroase prietenii, s-ar putea să existe una sau niciuna cu care să continui să comunic. Majoritatea oamenilor nu empatizează cu nimeni. Conceptul lor de prietenie se bazează pe ego: „Ce pot face alţii pentru mine?".

Putem observa acest lucru în grupuri de oameni. Cel mai bine îmbrăcat bărbat și cea mai frumoasă femeie sunt întotdeauna înconjurați de oameni care vor sex și bani. Din păcate, cu foarte puține excepții, aceștia sunt toți oamenii din grup. Cu toate acestea, oamenii cu care nimeni nu vrea să vorbească sunt, de obicei, cei mai interesanți, iar majoritatea oamenilor nu pot vedea asta. De fiecare dată când comunic cu cineva disprețuit de ceilalți, aceștia presupun că vreau ceva de la ei. Dacă e vorba de o femeie, își imaginează că e vorba de sex. Dacă e vorba de un bărbat, își imaginează că e ceva legat de muncă.

Majoritatea oamenilor au o viziune foarte limitată asupra lumii din cauza ego-ului lor. Cu cât sunt mai egocentrici, cu atât viziunea lor asupra lumii va fi mai limitată. Acest lucru se datorează nevoii de supraviețuire. Cu cât cred că supraviețuirea lor este mai amenințată, cu atât se comportă mai mult în acest fel. Cu alte cuvinte, oamenii mărunți la minte și miopi tind să fie mai egocentrici.

Am putea numi acest lucru materialism, dar este de fapt doar o obsesie pentru supraviețuire. Cei care nu au nimic cred întotdeauna că sunt săraci. De aceea, mulți oameni sunt confuzi când își dau seama că nu am multe bunuri. Viața mea este foarte simplă, deoarece donez mereu haine și alte obiecte pentru a o păstra așa. Acest lucru îi sperie pe oameni, deoarece creează o disociere în creierul lor între două elemente pe care le credeau conectate.

Mulți oameni nu înțeleg scopul bogăției. Nu este vorba despre a mânca mai mult, a cumpăra mai multe mașini și ceasuri sau a etala fotografii ale călătoriilor în locuri exotice. Cel mai valoros scop al bogăției este libertatea. Libertatea este intangibilă, este puterea de a face ce vrei, când vrei. Acest concept este atât de străin pentru majoritatea oamenilor, încât adesea nu înțeleg răspunsul meu atunci când mă întreabă: „Cât timp plănuiești să stai în acest oraș?" Niciunul dintre zecile de oameni pe care i-am întâlnit în toate orașele pe care le-am vizitat nu a înțeles răspunsul „pentru că vreau". Reacționează întotdeauna ca și cum aș minți și aș ascunde adevărul. Ei nu pot înțelege că există o persoană care poate intra și ieși dintr-o țară oricând dorește, fără niciun plan. Această idee este complet străină de viziunea lor asupra lumii, deoarece implică un nivel de libertate pe care nu l-au văzut, auzit sau considerat posibil.

Mulți oameni pe care îi cunosc din întreaga lume nu sunt familiarizați cu conceptul de a câștiga bani în timp ce dorm. Ei presupun că toți banii sunt câștigați prin muncă, că este nevoie de timp pentru a acumula bogăție și că aceasta trebuie dobândită prin rămânerea într-un singur loc. Dacă cineva nu urmează această cale, ei suspectează o activitate infracțională. Unii oameni sunt atât de sceptici încât cred că sunt un infractor. Refuză să creadă că cunoștințele mele sunt rezultatul unei educații pe care ei nu au ales-o. De aceea spun adesea că ignoranța este o alegere. Mă simt îndreptățit să îi numesc idioți, imbecili și proști pe oamenii la care mă refer în cărțile mele, pentru că ceea ce mi-a luat mai mult de 20 de ani să înțeleg, prin sute de cărți și studii, precum și prin experiența personală, este rezumat în scrierile mele, și totuși acești oameni refuză să le citească, crezând că sunt deja înțelepți. Această aroganță, combinată cu ignoranța, este întruchiparea prostiei. Când spun cuiva că am documentat tot ceea ce știu și el alege să nu citească, este prea orb pentru a vedea evidența.

Capitolul 9: Frica de schimbare

Soluția la ignoranța majorității, chiar și a celor mai săraci, este, de obicei, doar la o carte distanță. Îmi dau seama că găsirea cărții potrivite poate fi o provocare, dar cu toții am fost nevoiți să citim o mulțime de cărți greșite pentru a le descoperi pe cele potrivite. Oamenii care citesc doar bestselleruri și cărți recomandate de prieteni încă nu realizează acest lucru, deoarece încearcă să evite greșelile consumând opere populare. Cele mai populare cărți reflectă de obicei bunul simț.

Rareori veți găsi o carte cu adevărat perspicace pe rafturile bestseller-urilor, deoarece aceste cărți nu sunt acceptate de majoritate. Majoritatea oamenilor caută cărți care să le întărească ego-ul, nu pe cele care îl provoacă, îl pun la îndoială sau îl demontează. Așa că atunci când cineva îmi spune că citește mult, dar numai autori celebri, știu că nu va progresa niciodată în viață. Le este teamă să facă greșeli și să-și confrunte ego-ul. Aceasta este soarta acestor oameni. Citesc mult, dar e ca și cum nu ar ști nimic. Am observat asta în conversațiile lor. Au cunoștințe, dar nu au abilități practice.

Această problemă este larg răspândită în universități, unde se predau cunoştinţe vaste, fără aplicare practică. Universităţile urmează aceleaşi principii de intelectualizare a cunoştinţelor. Ştiu acest lucru pentru că am fost lector universitar şi am înţeles rapid cum funcţionează sistemul. Mulţi profesori universitari sunt supraîncărcaţi cu cunoştinţe învechite şi inutile, dar cred că sunt mai deştepţi decât ceilalţi pentru că nu au făcut niciodată nimic care să nu se conformeze normelor sociale. Ei confundă atenţia ipocrită, bazată pe examene şi motivată de frică pe care o primesc de la studenţi cu o valoare reală.

Cu toate acestea, eu am avut întotdeauna o abordare diferită, care de multe ori îmi intimida studenţii, care întrebau: „Ce este în examen?" şi „De ce discutaţi atât de multe subiecte diferite?". Eu le spuneam: „Tot ceea ce spun este vital pentru existenţă. Examenul este doar un moment al acesteia. Dacă mă înţelegeţi corect, nu este nevoie să învăţaţi pentru test, pentru că vă veţi da seama cum tot ceea ce spun se aplică în viaţa reală. Scopul meu este ca voi să reuşiţi în viaţă, nu doar la examene."

Foarte puţini elevi au realizat acest lucru. Majoritatea s-au concentrat asupra examenului. Aşa cum am menţionat mai devreme, mulţi oameni au o viziune limitată asupra realităţii şi ratează multe oportunităţi. Studenţii care m-au văzut doar ca profesor şi nu au putut vedea persoana din spatele profesiei şi-au pierdut timpul. Nu mi-au irosit timpul pentru că am fost plătit, dar o mare parte din ceea ce am împărtăşit şi am fost ignorat se află în cărţile mele. Ei nu le citesc pentru că nu mai sunt studenţii mei, iar aceasta este o altă formă de ignoranţă: irosirea oportunităţii de a învăţa de la aceeaşi persoană pentru o viaţă întreagă.

Există oameni care înțeleg adevărul în cinci minute, alții care au nevoie de cinci ani și alții care au nevoie de cincizeci de ani. Cu toate acestea, conștiința evoluează doar prin alegerile care generează schimbarea, nu prin timpul necesar pentru schimbare: cărțile pe care le citim, deciziile pe care le luăm, călătoriile pe care le facem, oamenii pe care îi întâlnim, riscurile pe care ni le asumăm și schimbările pe care le punem în aplicare. Fără aceste acțiuni, nimic altceva nu contează - nici măcar problemele pe care le considerăm importante - pentru că totul se poate schimba cu o singură alegere. În spatele celor mai valoroase alegeri se află probleme reale: frica de a pierde oameni, prieteni, familie etc.; frica de schimbare; frica de eșec; lipsa stimei de sine; frica de a fi singur; frica de a avea încredere în persoanele nepotrivite; frica de trădare.

Mai mult, majoritatea acestor temeri sunt legate de experiențe trecute și nu persistă întotdeauna dintr-un motiv aparent. Un exemplu este teama de a o lua de la capăt. Această teamă este diferită pentru un tânăr de 20 de ani, care știe puține despre viață, și pentru unul de 50 de ani, care a trăit mai mult și se adaptează mai bine la situații și medii noi. Cu toate acestea, mulți oameni nu găsesc niciodată răspunsuri la dilemele lor, nici măcar în viață, din cauza incapacității lor de a se adapta. Găsirea răspunsurilor de care au nevoie, însă, poate duce la schimbări radicale și transformatoare în viața lor, chiar schimbările care îi sperie.

Mulți oameni nu găsesc răspunsurile pe care le caută pentru că le este teamă să le găsească. De exemplu, mulți oameni pe care i-am întâlnit mi-au cerut să îi învăț cum să înființeze și să gestioneze o afacere online, dar apoi au dat scuze banale pentru a renunța, cum ar fi „nu știu cum să plătesc impozitele", „trebuie să înregistrez mai întâi afacerea" sau „voi încerca să obțin ajutor financiar de la guvern". Scuzele pentru renunțare sunt numeroase, mult mai multe decât cele pe care le-am menționat, deoarece, după cum am observat, oamenii sunt incredibil de creativi în arta eșecului. Ei cunosc multe modalități de a eșua, dar aproape niciuna de a reuși.

Capitolul 10: Triunghiul succesului

Cel mai comun mod prin care oamenii se pregătesc pentru eșec este prin lene. De exemplu, i-am cerut odată cuiva să lucreze cu mine la cărți pentru copii. I-a luat mai mult de trei luni să creeze o singură poveste. Proiectul a trenat până când ea și-a pierdut locul de muncă, iar apoi a folosit căutarea unui loc de muncă ca scuză pentru a nu mai lucra la ceea ce îi cerusem să facă. Trei luni ar fi fost timp suficient pentru ca ea să termine cel puțin o carte. Cu toate acestea, ea nu a făcut altceva decât să piardă timpul. Din păcate, acest tip de situație este mult prea comun. Oamenii inventează povești pentru a-și distrage atenția și nu fac nimic. Apoi, când trec lunile și nu au realizat nimic, pretind că nu pot continua pentru că nu există profituri și un eveniment extern le-a deturnat atenția.

Bineînțeles, nu există profituri atunci când nu există productivitate și presupuneți că veți trăi o mie de ani, ignorând faptul că lumea se mișcă mai repede decât voi. Ar trebui să-și dea seama de acest lucru dacă optează pentru lene, dar lenea întărește ideea de stagnare, motiv pentru care oamenii o găsesc relaxantă. De fapt, se pare că oamenii sunt la fel de atrași de eșec ca și de plăcere și stagnare. Psihologia se ocupă de conştient şi de subconştient, dar distincţia nu este atât de clară pe cât pare. Mulţi oameni eşuează din momentul în care iau o decizie conştientă, pentru că nu au crezut niciodată că vor reuşi. Mai târziu, aceiaşi oameni susţin că oamenii ca mine au fost doar norocoşi, pentru că este mai uşor să spui asta decât să îţi asumi responsabilitatea.

Desigur, dacă nu munceşti sau nu faci nimic timp de luni de zile, vei avea nevoie de mult noroc pentru a obţine rezultate. De asemenea, este adevărat că norocul este mai probabil cu 30 de poveşti pentru copii decât cu una singură. Oamenii care spun că sunt foarte norocos ignoră faptul că am publicat mai mult de 200 de cărţi în cinci limbi, am produs mai mult de 600 de cântece şi am fondat mai mult de zece companii. Asta înseamnă mai mult de o mie de cărţi şi diverse produse în mai puţin de douăzeci de ani. De asemenea, am lucrat ca consultant pentru mai multe companii şi la mai multe universităţi, adesea în acelaşi timp. Nu sunt norocos - departe de asta - având în vedere cantitatea enormă de muncă pe care am produs-o.

Există mult mai multă muncă decât noroc în întregul ciclu al succesului, dar cei care cred în noroc nu preţuiesc munca. De aceea spun: „Eşti atât de norocos!". Ei trebuie să creadă că am scris o carte bazată pe o opinie personală şi am repetat-o de sute de ori cu cuvinte diferite. Prostia este legată de lene, dar chiar şi o persoană care munceşte din greu va putea să nu mai fie proastă. Dacă eşti cu adevărat ignorant, dar citeşti 100 de pagini din orice carte pe zi, nu vei rămâne ignorant. Puterea conştiinţei transcende limitele materialităţii şi o poate transforma simultan pe ea şi pe noi.

În triangulația dintre materialitate, auto-realizare și conștiință se manifestă orice vis și orice transformare devine posibilă. Emoțiile resimțite în acest proces sunt însoțite de o viziune a adevăratei libertăți. Libertatea pe care o caută fiecare ființă se manifestă atunci când depășim provocările vieții. Cu cât lucrăm mai mult în această direcție, cu atât mai mult aprofundăm acest sentiment de împlinire. Am putea spune chiar că, cu cât lucrăm mai repede în direcția obiectivelor noastre, cu atât avem mai multe șanse să le atingem. Această perseverență și rapiditate au prețul timpului, dar aici găsim un alt triunghi al manifestării, legat de acțiune. Acțiunea eficientă care conduce la succes se traduce, prin urmare, într-un triunghi al persistenței, vitezei și sacrificiului.

Persistența și rapiditatea sunt concepte simple. Sacrificiul, însă, este adesea înțeles greșit, motiv pentru care este esențial să explicăm legătura sa cu plăcerea. Atunci când plăcerea maximă este obținută prin utilizarea unor substanțe precum alcoolul, zahărul, tutunul și alimentele nesănătoase, sacrificiul devine evident. Următorul nivel implică sacrificarea timpului, în special a timpului petrecut în activități plăcute precum vizionarea televizorului, jocurile video și socializarea. Apoi vine sacrificiul asociat perseverenței, depășirii îndoielii și emoțiilor negative. Pe măsură ce mergem mai adânc, întâlnim nivelul fizic al suferinței, unde apar semne de durere fizică, psihologică și emoțională. Aici ne confruntăm cu demonii noștri interiori, cu amintirile din trecut și, mai ales, cu traumele pe care speram să le uităm. Cu toate acestea, sacrificiul suprem este cel resimțit în propriul corp, atunci când luptăm împotriva limitărilor impuse de durere, foame, epuizare și privarea de somn.

Aceasta nu înseamnă că sacrificiile pe care le suferim nu pot fi compensate pentru a evita durerea. În acest context, sacrificiul este explicat ca fiind nevoia de mai multă disciplină, deoarece ne menține concentrați asupra obiectivelor noastre. Un pilot de curse auto care nu este concentrat nu poate câștiga cursa, un atlet olimpic care nu este concentrat nu poate câștiga o medalie de aur și un soldat care nu este concentrat poate muri. Concentrarea lor provine din ani de dedicare și disciplină constantă.

Capitolul 11: Disciplina și dezvoltarea spirituală

A tunci când discutăm despre perseverență și motivație, trecem adesea cu vederea faptul că acestea nu există fără disciplină, atât mentală, cât și fizică. Dacă vom petrece nenumărate ore în fața calculatorului sau citind pentru a ne atinge obiectivele, trebuie să menținem același nivel de disciplină prin intermediul activității fizice. Fie că este vorba de un sport de echipă sau de exerciții pe care le putem face cu moderație acasă, cu cât încorporăm mai multă disciplină în viața noastră, cu atât creierul nostru se va concentra mai natural asupra sarcinilor. Săritul frânghiei la domiciliu este poate cel mai simplu și mai eficient exercițiu. Scopul meu este să sar de cel puțin 100-200 de ori pe zi, cât mai repede posibil, deoarece ajută la coordonare, rezistență, disciplină și sănătate fizică și cardiacă.

Putem depăși barierele existențiale prin progres spiritual și activitate fizică. Cu alte cuvinte, nu depășim dificultățile doar observându-le sau vorbind cu alți oameni, ci contemplând viitorul și muncind cu sârguință pentru a atinge obiectivele pe care ni le-am propus. Experiența schimbă întotdeauna relația unei persoane cu realitatea și, prin extensie, cu ea însăși. Modul în care simțim și interpretăm lumea este modificat semnificativ de experiență. Astfel, cunoștințele dobândite prin învățare și disciplină permit un nivel superior de conștiință și înțelepciune și, în consecință, evoluția spirituală. Această evoluție nu este doar internă; veți vedea manifestări ale ei în lumea din jurul vostru. De fapt, prin extinderea minții tale, capacitatea ta de a vedea oportunități care îți pot schimba viitorul va deveni mai evidentă. Noi vedem doar ceea ce suntem pregătiți să vedem.

Evoluția spirituală are loc ori de câte ori mintea își dezvoltă conștiința prin interacțiunea cu lumea fizică, dar această interacțiune este extinsă prin determinare, persistență, disciplină și cunoaștere. Cu toate acestea, deoarece ființele umane își formează de obicei personalitatea pe baza modului în care sunt judecate de realitatea lor, adesea nu reușesc să vadă posibilități pentru ele însele dincolo de ceea ce le prezintă lumea. Independența noastră în alegerea valorilor și luarea deciziilor este puternic influențată de opiniile familiei, culturii și cercurilor noastre sociale. Ea este, de asemenea, dezvăluită în contrastul contrariilor, ceea ce înseamnă că ni se prezintă zilnic alegeri care pot schimba evenimentele din zilele următoare.

Realizând iluzia prezentată în această dualitate, veți putea să vă depășiți provocările. Vei vedea că nu este nimic greșit în a te opune celorlalți sau în a-i face să creadă că tu greșești. Veți înceta să vă mai învinovățiți pentru incapacitatea celorlalți de a vă înțelege, ceea ce se manifestă de obicei ca autopedepsire sub forma resentimentelor. De fapt, atunci când atingem un nivel superior de moralitate, este de dorit şi de aşteptat ca majoritatea populaţiei să ne dispreţuiască, să ne insulte şi să ni se opună, deoarece reprezentăm un contrast cu viziunea lor asupra lumii şi o ameninţare la adresa viziunilor asupra lumii de care se agaţă.

Deşi majoritatea gândurilor derivă în esenţă din alegerile asociate conformităţii cu grupul, impuse de obicei subliminal şi care devin explicite atunci când nu pot fi controlate subliminal, comportamentele conştiente sunt cele pe care individul le recunoaşte ca fiind proprii, chiar dacă au fost copiate din grupul său. Această diferenţiere are loc atunci când individul reuşeşte să se opună şi să-şi transcendă propriile gânduri prin decizii care contravin intuiţiei, credinţelor şi obiceiurilor sale, deoarece îşi dă seama că îl aşteaptă un rezultat mai bun.

Din această perspectivă, nu putem analiza problemele la fel de eficient cum le vedem în logica relaţională, deoarece majoritatea problemelor noastre sunt legate mai mult de percepţia personală decât de realitatea în sine. Multe probleme personale pot fi eliminate automat printr-o schimbare de perspectivă sau de conştiinţă. Acest lucru este evident atunci când ne mutăm dintr-o ţară în alta şi găsim o cultură diferită care se ocupă de probleme similare. Lumea este atât de interconectată, iar majoritatea oamenilor sunt atât de refractari la schimbare, încât puteţi învăţa multe despre dumneavoastră doar schimbându-vă mediul.

De asemenea, veţi constata adesea că multe dintre opiniile formate şi acceptate despre lume şi despre personalitatea noastră sunt de obicei rezultatul opiniilor unuia sau a două persoane, de obicei cele cu care petrecem cel mai mult timp, ca să nu mai vorbim de mass-media, unde televiziunea ocupă un loc important. Opinia unei persoane poate fi preluată de milioane de oameni ca deţinătoare a unui adevăr incontestabil. Majoritatea oamenilor sunt încă uşor influenţaţi de ceea ce media le spune că ar trebui să creadă. Cu toate acestea, pe măsură ce ne ridicăm deasupra gândurilor şi opiniilor maselor prin formarea identităţii de sine şi a conştiinţei de sine, ciclurile noastre karmice devin mai mici şi mai scurte.

Capitolul 12: Dinamica karmei

Î n lumea rapidă de astăzi, viețile noastre se schimbă, iar problemele noastre par să se rezolve rapid. Deținem o putere pe care mulți o consideră de neînțeles: capacitatea de a ne modifica complet destinul în câteva luni, cu nimic mai mult decât gânduri, informații și decizii incrementale ajustate pentru rezultate imprevizibile. Cu toate acestea, atât timp cât nu acceptăm că mintea noastră are soluțiile la toate problemele noastre, ne putem confrunta cu nenumărate dezamăgiri și putem pierde prietenii. Acest lucru se întâmplă de obicei pentru că provocările noastre, oamenii cu care relaționăm și temerile pe care le avem provin din probleme karmice pe care trebuie să le rezolvăm. Continuăm să atragem oamenii și experiențele necesare pentru auto-reflecție, chiar și atunci când întâlnim cele mai rele elemente ale societății. Aceste întâlniri ne forțează să ne confruntăm cu lipsa noastră de iubire de sine și cu nevoia noastră de autovalidare prin urmărirea unor obiective de viață care sunt considerate de neatins sau dincolo de capacitățile noastre.

Lumea exterioară este întotdeauna o reflectare a lumii interioare, deși nu întotdeauna într-un mod direct sau opus. Putem fi dezamăgiți doar pentru a ne da seama că ar trebui să fim mai proactivi în căutarea prieteniilor valoroase, tăind mai repede legăturile cu valoare scăzută și căutând mai repede și altele noi. Cu cât suntem mai activi în acest proces de căutare a respectului și iubirii, cu atât mai repede le vom atrage. Pe de altă parte, atunci când avem nevoie de aceste lecții, atragem ceea ce trebuie să învățăm și continuăm să suferim până când le înțelegem.

Atunci când oamenii se confruntă cu probleme, dar își neagă responsabilitatea, ei se uită adesea la alții pentru soluții, ca și cum ei ar ști cel mai bine de ce au nevoie viețile lor. Adevărul este că majoritatea oamenilor sunt plini de opinii, bazate de obicei pe raționalizări ale propriilor experiențe, dar înțeleg prea puțin despre cum funcționează viața cu adevărat. Ca urmare, marea majoritate oscilează între mulțumire și disperare. Disperarea apare atunci când viața se schimbă și ei nu știu cum să se adapteze. Mulți oameni își petrec ani de zile concentrându-și energiile pe a-și controla aparențele sociale, în loc să evolueze și să devină indivizi mai buni. Ei înțeleg foarte puțin despre lume și, ca urmare, manifestările de suferință spirituală nu sunt cereri autentice de ajutor.

Acest lucru este vizibil atunci când ajutăm pe cineva care cere ajutor, dar suntem apoi insultați de acea persoană. Acest lucru este cu atât mai probabil cu cât încercăm să ajutăm mai mult, deoarece majoritatea problemelor pe care oamenii le creează în viața lor sunt intenționate. Sunt ca jocurile pe care aleg să le joace. De exemplu, o persoană care spune: „Nu pot călători pentru că am un loc de muncă" s-ar putea să nu dorească să își înceapă propria afacere de teama eșecului, folosindu-și locul de muncă ca scuză pentru a-și refuza ceva ce își dorește. Oamenii aleg adesea un element al realității lor pentru a-și justifica alegerile. Este o modalitate de a transfera vina din interior către un factor extern, ceva ce nu poate fi legat de propriile alegeri. Prin urmare, de fiecare dată când oferim o soluție cuiva care a creat o problemă în viața sa, îi refuzăm karma pe care el însuși a creat-o prin propriile convingeri.

Karma este creată de individ pentru a avea un joc de jucat în ceea ce el numește viață. Atunci când le luăm oamenilor acest joc, ei ne resimt pentru că le-am luat sensul existenței lor spirituale, oricât de dramatic și dureros ar suna acest lucru. Ei au nevoie de problemele pe care le-au creat pentru a se înțelege pe ei înșiși. Nu îi putem ajuta eliminând problemele, pentru că vor căuta rapid altele. În schimb, trebuie să le oferim mai multe probleme similare pentru a-i ajuta să accelereze acest proces. Acest lucru poate părea crud până când vă dați seama că cea mai eficientă terapie mentală este să îl facem pe individ să se confrunte și să vorbească despre propriile temeri, nu în ultimul rând să găsească modalități creative de a le procesa, ceea ce îl va conduce să înțeleagă de ce le-a creat.

Numai atunci când individul realizează că a controlat și a creat întreaga sa viață și înțelege de ce, se eliberează cu adevărat. În mod ironic, cu cât o persoană este mai ignorantă, cu atât are nevoie de mai multe probleme pentru a simți că viața sa este importantă. Persoana umilă rareori simte nevoia de a avea probleme pentru că, pe măsură ce dobândește înțelepciune, își pierde sentimentul de importanță. Ele sunt invizibile pentru cei care caută probleme și modalități de a se simți importanți în societate. Numim acest lucru karma doar pentru că individul este responsabil pentru problemele pe care le atrage. Karma nu este separată de caracterul sau credințele unui individ. Este destul de ironic faptul că, cu cât o persoană are mai puţină frică, cu atât este mai puţin confruntată. Aşadar, putem presupune că o persoană care atrage confruntările crede, dintr-un motiv ciudat, că ar trebui să îi fie frică. Unii pot spune chiar că frica şi anxietatea le alimentează motivaţia de a deveni indivizi mai buni, ca şi cum boala ar face parte din călătoria lor spirituală.

Capitolul 13: Iluzia schimbării și confortul problemelor

Atunci când eliminăm problemele din viața oamenilor, poate părea că îi împiedicăm să își atingă obiectivele. Din acest motiv, mulți oameni preferă să ia medicamente psihotrope pentru a-i ajuta să facă față provocărilor lor, în loc să facă schimbări complete în stilul de viață. Dacă sunteți foarte eficient în eliminarea problemelor unei persoane, aceasta poate simți că își pierde autonomia și individualitatea, deși acest lucru este iluzoriu. Acestea pot reacționa cu afirmații de genul: „Credeți că știți totul, dar nu mă cunoașteți" sau „Asta este doar părerea dumneavoastră". Poate chiar să încerce să vă descurajeze, spunând: „Cazul meu este diferit de al tuturor celorlalți" și să vă acuze de manipulare, spunând: „Nu știți ce să faceți pentru că nu sunteți în locul meu".

O femeie m-a întrebat odată dacă o manipulez. Când am întrebat-o de ce, mi-a răspuns: „Pentru că întotdeauna mă simt atât de confortabil în preajma ta". Evident, ea era atașată de nevoia de a se simți nerespectată, umilită și abandonată, motiv pentru care relația noastră nu a durat. Ea dorea stabilitate, dar căuta drama. Mulți oameni pretind că vor ceva, dar se împotrivesc pentru că nu sunt sinceri cu ei înșiși. Ca urmare, ceea ce spun și fac reflectă adesea problemele lor interioare mai mult decât acțiunile sau cuvintele lor.

Majoritatea oamenilor nu sunt pregătiți să se schimbe și poate că nu vor fi niciodată, motiv pentru care au probleme care par să dureze la nesfârșit. În schimb, ei își formează o identitate în jurul acestor probleme și își reorganizează viața pentru a le menține. De aceea, atunci când nu au partenerii pe care și-i doresc, trebuie să îi accepte pe cei pe care îi au. Dacă nu pot călători în locuri pe care nu și le permit, își spun că este din cauză că sunt săraci, nu pentru că trebuie să își regândească alegerile de viață. Este interesant modul în care oamenii își raționalizează sărăcia, adesea asociind-o cu țara lor, pentru că nu vor să recunoască faptul că nu vor să își schimbe circumstanțele pentru a obține rezultate diferite. Aceștia își pot folosi chiar familia drept scuză pentru a nu se schimba niciodată, ca și cum ar fi mai bine să fii sărac în companie decât bogat singur.

Singurul răspuns pe care acești oameni îl pot accepta este unul care nu există, pentru că ei nu vor să se schimbe sau să își schimbe realitatea. Ei vor să rămână așa cum sunt pentru totdeauna și adesea rămân așa chiar și după ce mor. O fantomă nu este altceva decât un suflet încăpățânat care refuză să părăsească planeta sau să se reîncarneze, preferând să repete aceleași obiceiuri pe care le-a avut în viață timp de multe secole, inclusiv traume care nu mai au sens după atâta timp. Adevărata oroare, ca o formă mai extremă a răului, provine întotdeauna din dependența de traume. Oricine iubește autocompătimirea și mărirea de sine prin traume care nu-l împiedică să-şi îmbunătăţească viaţa este la jumătatea drumului şi se îndreaptă spre iad.

Când oamenii mă întreabă cum fac bani, nu le pasă cât timp petrec scriind sau câte cărţi am citit. Ei vor doar un răspuns magic care să le permită să extragă cunoştinţe din nimic şi să creeze o carte instantaneu, fără niciun efort. Cu toate acestea, ei te insultă şi pe tine în acelaşi mod. Când am decis să renunţ la slujba mea de manager şi consultant pentru companii importante şi să devin agent de securitate, prietenii mei au fost confuzi, iar propria mea mamă mi-a spus: „În sfârşit ai o slujbă care ţi se potriveşte. Sper să poţi rămâne acolo pentru totdeauna".

Am citit în fiecare zi şi noapte în timpul turelor de lucru şi nu am citit niciodată atât de mult în viaţa mea. De asemenea, am scris primele mele cărţi în timp ce lucram în domeniul securităţii. Aproximativ un an mai târziu, am schimbat din nou locul de muncă. De data aceasta am lucrat ca profesor în China şi am călătorit în diferite ţări din Asia. În acel moment, am primit şi mai multe critici din partea familiei mele şi mi-am dat seama că cea mai bună soluţie nu era o alegere, ci o karmă pe care trebuia să o accept: trebuia să nu mai vorbesc cu toţi. De când am încetat să mai răspund la mesaje, am făcut mult mai mulţi bani. Karma ne afectează cu adevărat în mai multe moduri decât ne putem imagina, dar cel mai important este modul în care energia noastră atrage vise care par inaccesibile, mai ales atunci când am dedicat ani şi ore de muncă grea pentru a le atinge.

Cu cât oamenii sunt mai cufundaţi în ciclurile lor karmice, cu atât sunt mai puţin capabili să accepte răspunsuri contradictorii din partea altor persoane şi cu atât devin mai implicaţi în a se asigura că sunt acceptaţi de cei care s-ar putea să nu aibă în vedere interesele lor. Prin urmare, se spune că înţelegerea unei probleme nu este la fel de importantă ca înţelegerea de sine. Multe probleme pot fi uşor eliminate dacă vă puneţi aceste întrebări:

- Ce s-ar întâmpla dacă nu aş avea această problemă? Viaţa mea ar fi mai rea?"

- Ce s-ar întâmpla dacă viaţa mea nu ar avea probleme? Ar fi plictisitoare?"

Motivul pentru care aceste întrebări sunt atât de puternice provine din ideile contradictorii pe care oamenii le au despre controlul propriului destin. Mulţi oameni îmi spun că prezicerea viitorului face viaţa plictisitoare şi nu vor să ştie tot timpul ce se va întâmpla. Ei resping legătura dintre responsabilitatea personală şi consecinţele acestei responsabilităţi. Refuză să preia controlul asupra ciclurilor lor karmice. Şi nu pare să le pese că acţiunile şi cuvintele lor le afectează viitorul. Aceasta este ceea ce ei resping cu adevărat spunând că nu vor să cunoască viitorul.

Ori de câte ori încearcă să cunoască viitorul prin divinaţie, ei încearcă să prezică ceva inevitabil, ca şi cum ar putea ocoli problemele pe care le creează. Ei nu vor niciodată să ştie cum creează ei acel viitor. De fiecare dată când cineva îmi cere să îi văd viitorul, nu vrea niciodată să îi spun cum să îl creeze. Ei vor să cunoască efectul, nu cauza, şi astfel repetă aceleaşi cicluri karmice. Apoi spun că futurologia nu funcţionează pentru că viaţa lor nu se schimbă niciodată. Desigur, viaţa nu se schimbă dacă refuzi să te uiţi în oglinda sufletului tău şi să accepţi greşelile pe care le-ai făcut.

Capitolul 14: Călătoria solitară a sufletului

Ne naștem și murim singuri. Prietenii pe care ni-i facem de-a lungul vieții sunt alte suflete cu care ne intersectăm. Când renaștem, îi putem întâlni din nou, deși șansele sunt minime. Majoritatea ființelor spirituale pornesc într-o călătorie solitară de dezvoltare individuală. Această călătorie le validează valoarea personală și le transformă prin experiențele lor. Dacă sunt suficient de curajoase pentru a se schimba rapid, își pierd mai multe legături și oamenii pe care îi iubesc. Cu toate acestea, ne transformăm treptat prin experiențe de polarități și dualități, prin durere și plăcere, pe măsură ce interacționăm cu o realitate care ne influențează ulterior identitatea.

Trebuie să ne dezvoltăm o capacitate egală de a suporta durerea și de a renunța la plăcere dacă dorim să ne bucurăm mai mult de viață. Această capacitate este echilibrată de competența pe care o acumulăm și care rămâne cu noi de-a lungul tranziției dintre vieți. Întotdeauna devenim versiuni mai bune ale noastre prin depășirea dualităților și a gândurilor noastre despre ceea ce reprezintă ele. Capacitatea de a greși și umilința de a accepta necunoscutul sunt cele care ne ajută să depășim granițele dintre posibil și imposibil și să ajungem la posibilități pe care nu ni le-am fi imaginat niciodată. Acest lucru vine odată cu iubirea de sine și cu scopul călătoriei noastre spirituale. Înseamnă să găsim o viață atât de plină de sens încât să acceptăm procesul de suferință la fel de mult pe cât iubim bucuria care îl însoțește, nu ca stări stagnante ale ființei, ci ca experiențe care ne împing să devenim oameni mai buni și mai împliniți.

Trebuie să ne străduim să creăm pe Pământ același tip de viață pe care sperăm să o găsim după moarte. Pentru a integra conceptul de paradis ca un loc în care renaștem pentru a ne bucura de o viață mai liniștită, trebuie să luăm în considerare și reîncarnarea. Acesta este modul în care îmbrățișăm sensul existenței și scopul nostru ca suflete, indiferent de circumstanțele care ne obligă să adoptăm o anumită cultură și un anumit aspect fizic. Reîncarnarea devine mai semnificativă atunci când nu mai avem un motiv pentru a renaște pe Pământ, când suntem mândri de ceea ce am lăsat în urmă și înțelegem ce înseamnă să fii o ființă planetară, fără atașament față de vreun teritoriu. Acest lucru nu înseamnă că nu vom avea probleme pe Pământ dacă vrem să ne întoarcem, pentru că întotdeauna vor exista provocări. Dar înseamnă că înțelegem de ce ele există și de ce le creează alți oameni.

Înțelegerea cauzelor ignoranței ne eliberează de greșelile altora și de emoțiile negative pe care le generează în noi. Această cunoaștere ne înalță mintea într-o singură viață. Pe măsură ce învățăm să percepem realitatea din perspective diferite, înțelegem și rolul nostru în ea și învățăm să renunțăm. Acest proces poate necesita momente de singurătate, care sunt semnificative pentru ceea ce reprezintă: o oportunitate de a o lua de la capăt și de a ne înțelege mai bine. Atunci când dorinţa ta de a socializa nu vine din teama de a fi singur, ci dintr-un interes sincer de a întâlni oameni interesanţi şi plini de compasiune cu care să împărtăşeşti bunătatea, înţelegi acest adevăr dintr-o perspectivă mai holistică şi mai autentică. De asemenea, înveţi să îi asculţi pe ceilalţi pentru ceea ce cred, nu doar pentru ceea ce spun.

Majoritatea oamenilor nu sunt conştienţi de cuvintele lor, chiar dacă tot ceea ce spun are propriul context. Oamenii sunt ghidaţi de emoţii, precum peştii în ocean, urmându-şi instinctele imediate bazate pe experienţele lor. Cu toate acestea, ceea ce dezvăluie cu adevărat elevaţia spirituală este conştiinţa care transcende timpul şi aparenţele fizice şi care există între suflete. Acesta este momentul în care înţelegeţi sensul expresiei „Dumnezeu este pretutindeni" şi vă recunoaşteţi în această viziune divină. Prin această conştiinţă, cele mai mari adevăruri se manifestă constant şi sporadic în mintea noastră. Ceea ce este ascuns devine din ce în ce mai vizibil, permiţându-ne să înţelegem legile existenţei care sunt comune tuturor fiinţelor vii.

Deşi este o provocare pentru persoanele empatice să fie martore la suferinţa altora, pe măsură ce dezvoltăm o conştiinţă superioară, empatia creşte. Această suferinţă este parte a unei ordini globale care este esenţială pentru contextul care o susţine. Ea este creată astfel încât indivizii să poată atinge noi niveluri de conştiinţă. Fiinţele umane îşi atrag şi îşi creează literalmente propriile probleme, ceea ce devine clar atunci când le analizăm istoria şi examinăm alegerile care le-au condus la starea lor actuală. Acest lucru este deosebit de interesant atunci când ne uităm la modelele istorice şi globale care au pregătit terenul pentru căderea multor triburi şi naţiuni.

Pentru mulţi dintre cei care nu văd lumina, doar o abundenţă de întuneric poate crea nevoia de iluminare care să le permită să accepte ceea ce se află dincolo de ei înşişi. În acest întuneric, ego-ul este suprimat şi sufletul este dezvăluit. Cu toate acestea, rezultatul nu este întotdeauna pozitiv şi poate fi adesea traumatic. Mulţi oameni se sinucid pe drumul lor către ascensiunea spirituală. Acesta este motivul pentru care meditaţia este fundamentală sau cel puţin momentele de singurătate pentru a reflecta asupra trecutului, experienţelor şi alegerilor noastre. Cu cât faci mai mult acest lucru, cu atât vei înţelege mai bine contextul în care te afli şi motivele conflictelor şi provocărilor din viaţa ta. Nu este întotdeauna necesar să învăţaţi să acceptaţi ceea ce vi se întâmplă; adesea este mai important să învăţaţi să vă iubiţi.

Capitolul 15: Viața în tranșe de trei ani

Pentru a obține informații în timpul momentelor de contemplare interioară, ia în considerare împărțirea vieții tale în intervale de trei ani și reflectarea la următoarele întrebări:

Care au fost cele mai mari provocări ale tale în acești trei ani? Cine a încercat să vă împiedice să atingeți anumite obiective și cine v-a ajutat? Cum au avut loc aceste interacțiuni? Care au fost cele mai valoroase lecții învățate?

Din experiența mea personală din ultimii trei ani, am învățat că oamenii care mi-au făcut cel mai mult rău au fost cei pe care i-am iubit cel mai mult. Cele mai mari provocări ale mele au fost de natură financiară, ca urmare a unor greșeli în deciziile luate în trecut. Ceea ce m-a ajutat cel mai mult nu au fost oamenii, ci convingerile și cunoștințele mele, care au schimbat totul. Ca urmare, am devenit mai independentă și mi-am dat seama că trebuie să fiu mai decisă în alegerile mele și să petrec mai puțin timp cu oameni care nu recunosc valoarea pe care o ofer. Aceste lecții nu mi-au trecut prin minte în cei trei ani anteriori. Aveam multe prietenii neproductive și pierdeam timpul cu acești oameni, când aș fi putut obține mai mult cu propria mea determinare.

De la o perioadă la alta, karma care s-a acumulat a fost în mod clar legată de lipsa de determinare și de nevoia de a fi mai rapid în selectarea și respingerea oamenilor pe care îi lăsam să intre în viața mea. Astăzi, am mult mai puțină răbdare cu oamenii, deoarece pot vedea clar când îmi irosesc timpul. Următorul pas va fi continuarea acestui proces de învățare, care va include alegerea celui mai bun oraș în care să locuiesc și să îmi pun rădăcinile. Această etapă are de-a face cu vindecarea inimii. Până acum, experiențele mele au fost în principal spirituale, așa că nu contează cum ne judecă alții când spun că gândim prea mult sau că ar trebui să simțim mai mult, pentru că fiecare dintre noi se află în propria etapă de dezvoltare. Cu toate acestea, pe măsură ce dobândim suficiente cunoștințe pentru a ne atinge obiectivele, apare o întrebare: suntem pregătiți să fim fericiți?

Mulți oameni mă întreabă: „Ai suferit atât de mult în viață. Cum poți fi încă bun cu oamenii?". Când ne dăm seama că oamenii sunt în general ignoranți, nu mai pierdem timpul gândindu-ne la acțiunile altora. În schimb, ne concentrăm eforturile pe crearea unui viitor mai bun pentru noi înșine. Ei au propria lor lume, iar eu o am pe a mea, ceea ce este minunat. Asta este ceea ce contează. O viață fără speranță nu are nicio valoare. Atât timp cât avem speranță și credință, vom avea tot ce ne trebuie. Am învățat acest lucru când eram tânăr, confruntându-mă cu foametea și sărăcia.

În timpul facultății, am fost forțat să locuiesc într-un cămin pentru că părinții mei m-au dat afară din casă. A trebuit să împart o cameră cu un alt student. Din păcate, universitatea m-a pus într-o cameră cu cineva care era haotic și instabil. Am avut multe conflicte, iar el chiar și-a cumpărat un cuțit mare pentru a mă intimida. Le-am spus altor persoane ce se întâmplă, dar nimeni nu a făcut nimic. Părea că mă poate ucide în orice moment, dar nimănui nu-i păsa. În fiecare noapte dormeam fără odihnă în timp ce el petrecea și bea cu alți studenți. Nu știam niciodată care va fi ultima mea noapte. Jonglam cu mai multe slujbe part-time, plătindu-mi facultatea și chiria camerei. Nu aveam de ales decât să mă concentrez asupra responsabilităților mele.

De atunci, m-am confruntat cu multe alte provocări în viață și am învățat că oamenilor adesea nu le pasă dacă te confrunți cu greutăți sau chiar cu moartea. Mulți oameni sunt indiferenți. Dar dacă îmi pierd speranța și credința, nu voi avea nimic. Acum scriu celor care înțeleg și vor să învețe de la mine. Îi ignor pe cei care mă insultă și nu apreciază ceea ce le ofer. Unii cititori comunică cu mine de ani de zile, în timp ce alții sunt nepoliticoși și insinuează că nu-mi scriu propriile cărți, ci îmi iau cunoștințele din alte surse. Am ales să nu am de-a face cu acești oameni care îmi irosesc timpul și răbdarea. Oamenii sunt liberi să creadă ce vor despre mine, dar știu prea puțin pentru a trage concluzii corecte. Ei fac presupuneri bazate pe cunoștințele lor limitate despre realitatea în care trăiesc. Ei cred că știu cine sunt doar uitându-se la fața mea, iar asta mi se pare incredibil de prostesc.

Atunci când sunt ignoranți, oamenii tânjesc după atenție și validare în loc să lucreze la autocunoaștere, dar asta este o pierdere de timp pentru mine. Nu spun că nu ar trebui să acordați atenție altora, dar puțini oameni o merită cu adevărat. La sfârșitul zilei, nu contează ce crede lumea, pentru că oricum îți vei obține rezultatele. De exemplu, oamenii pot crede ce vor despre mine, dar viața mea este în continuare bună și nu se schimbă din cauza a ceea ce cred alții.

Problema cu ignoranța este că ea devine adesea parte a personalității. Oamenii se văd pe ei înșiși în convingerile lor și se tem că a gândi diferit le va altera identitatea. În realitate, personalitatea pe care o manifestă este o constantă relativă la nivelul de cunoștințe pe care îl posedă. Personalitățile tind să manifeste anumite niveluri de conștiință, moralitate și predictibilitate. Doar persoanele cu un nivel ridicat de individualitate pot afișa o personalitate cu adevărat unică.

Capitolul 16: Iluzia individualității

Personalitățile pe care le manifestă oamenii urmează, în general, un tipar repetitiv care relevă similitudini în contexte sociale, cum ar fi faptul că au un loc de muncă, merg la cumpărături la sfârșit de săptămână, se căsătoresc și au copii. Chiar și alegerile lor alimentare se abat rareori de la ceea ce îi văd pe ceilalți consumând. Aceste comportamente sunt determinate în mare măsură de mediu, iar oamenii știu foarte puțin dincolo de acesta. Prin urmare, o personalitate independentă îi poate deruta și este adesea văzută ca fiind nebună.

Atunci când cineva manifestă un nivel mai ridicat de conștiință, moralitate și disciplină, aderă la un standard etic mai ridicat, mai puțin constrâns de normele și dictatele societății. Acest lucru îi pune în contradicție cu restul populației, care nu îi înțelege și este hotărâtă să își mențină iluziile cu privire la ceea ce este bine și rău. Astfel, pe baza a ceea ce identifică și diferențiază oamenii, putem deriva un set de convingeri pentru majoritatea populației, deoarece acestea sunt în concordanță cu ceea ce este considerat „corect" și cu ideea a ceea ce „fac oamenii buni".

Cuvântul „mulţumesc" sau recunoaşterea anumitor comportamente acceptate social sunt un exemplu în acest sens. Nu contează cine eşti sau câţi oameni ai ajutat; dacă refuzi să spui „mulţumesc" pentru ceva ce ţi s-a oferit sau să arăţi orice fel de admiraţie sau interes faţă de ceilalţi, aceştia te vor resimţi. Observ adesea acest lucru pentru că majoritatea oamenilor nu mă impresionează. Toţi cred că sunt speciali, dar nu sunt. De fapt, sunt foarte previzibili, aşa că rareori dau dovadă de entuziasmul pe care îl aşteaptă de la alţii. Cu toate acestea, simplul fapt că nu arăt admiraţie duce adesea la dezinteres şi chiar ostilitate.

În cartea sa „How to Make Friends and Influence People", Dale Carnegie descrie nenumărate modalităţi de a transmite un mesaj: fă-i pe ceilalţi să se simtă speciali, chiar dacă nu sunt. Oamenii vor să îşi vadă ego-ul întărit şi reflectat într-un mod pozitiv. Le place iluzia în care trăiesc şi vor să creadă că vieţile lor sunt importante, chiar şi atunci când nu sunt. Marea majoritate a populaţiei este uitată după moarte, lăsând puţine lucruri pentru a fi amintite. Chiar şi printre cei mai apreciaţi scriitori, puţini produc opere care rămân relevante timp de decenii. Cu toate acestea, mulţi oameni trăiesc în iluzia propriei importanţe. Probabil că acest fenomen a existat dintotdeauna, după cum o dovedesc expresiile sincere ale bărbaţilor şi femeilor surprinse în fotografii sau filme din decenii trecute.

Această formă particulară de ignoranţă, convingerea că cineva este special, este răspândită în societate şi adesea împiedică dezvoltarea personală. La urma urmei, de ce ar simţi cineva care crede că este special nevoia să se schimbe? Prin urmare, putem spune că credinţa în propria personalitate, împreună cu aroganţa şi sentimentul de importanță socială, îi caracterizează pe cei care se luptă să se adapteze la schimbările necesare din lume și să evolueze. La capătul extrem al acestei fixații asupra personalității se află, însă, sărăcia extremă și moartea.

Deși indivizii nu pot fi trași la răspundere pentru circumstanțele lor în primii ani de viață, în momentul în care ajung la vârsta adultă, rezultatele vieții lor sunt în mare parte determinate de alegerile lor, condiționate sau nu. Acest adevăr este adesea neplăcut și poate fi perceput chiar ca o insultă. Cu toate acestea, există trei motive principale pentru care o persoană poate să nu atingă bunăstarea:

1. Lenea: lipsa de perseverență în realizarea unui proiect pentru o perioadă suficientă de timp sau tendința de a căuta soluții „rapide și ușoare”.

2. Ignoranța: încercarea de a face bani prin orice mijloace necesare, inclusiv vânzarea de articole pe care oamenii nu le doresc, pentru care nu au nicio valoare sau care sunt complet inutile pentru majoritate.

3. Încăpățânarea: refuzul de a se schimba sau de a se adapta la medii, cerințe și situații în schimbare.

Toți oamenii care m-au întrebat cum să devină bogați și nu au reușit au dat dovadă de lene, ignoranță și încăpățânare. Pe de altă parte, cei care s-au îmbogățit au muncit din greu, au dobândit cunoștințele necesare și și-au adaptat perspectiva asupra lumii. Cei care nu m-au întrebat niciodată despre bogăție mă consideră, de obicei, leneș, ignorant și încăpățânat, pentru că nu vor să își recunoască propriile neajunsuri. Adevărul poate fi ofensator, mai ales pentru cei care preferă să trăiască în negare.

O temă recurentă printre persoanele care se plâng de diverse circumstanțe de viață este reticența lor de a recunoaște că sunt responsabile de crearea și menținerea acestora, cel puțin prin ignoranță. Ei observă realitatea în cadrul unui spectru limitat de înțelegere și se opun ideii că ei sunt sursa problemelor lor. Mulți oameni, în special cei din națiunile mai sărace, atribuie semnificații superioare realităților mai puțin înțelese, simplificându-le excesiv. Acesta este motivul pentru care folosesc cuvântul „străin" pentru a descrie pe oricine de oriunde din lume, comparând literalmente africanii, asiaticii și americanii. Același lucru este valabil și pentru americanii și europenii care cred că oricine are pielea maronie trebuie să fie arab. Deoarece oamenii sunt incredibil de rezistenți la adaptare și învățare, ei își inventează povești despre motivele pentru care lumea este așa cum este. Acest lucru le dă un oarecare sens, deși nu este necesar să se adapteze la o realitate care nu este a lor. Chiar dacă trebuie să le inventeze pe cele mai multe dintre ele, acest lucru le oferă un anumit sens.

Capitolul 17: Natura dublă a ignoranței

De-a lungul anilor, mi-am văzut familia, în ignoranța lor, inventând nenumărate povești despre viața mea, niciuna dintre ele adevărată sau susținută de dovezi. Cu toate acestea, atunci când nu au inteligență, oamenii ignoră complet dovezile. Am identificat două tipuri de ignoranță în lume: ignoranța celor needucați și ignoranța celor educați. Cei needucați se mulțumesc cu presupunerile și minciunile lor nefondate, creând narațiuni din fragmente mici de realitate, cum ar fi deducerea stilului meu de viață din cele trei luni petrecute în Serbia. Pe de altă parte, cei educați sunt capabili să raționalizeze falsuri complexe. Ambele grupuri sunt ignorante, dar fiecare în felul său.

De exemplu, am constatat că profesorii universitari prezintă adesea un nivel surprinzător de ignoranță, în ciuda experienței lor în explicarea lucrurilor. Ei pot vorbi ore întregi despre nimic substanțial, fără a prezenta diferențe semnificative în metode sau rezultate. Pe de altă parte, cei needucați nu pot distinge ceea ce este valoros de ceea ce nu este, motiv pentru care colegii mei mă considerau prost pentru că chiuleam de la ore atât în liceu, cât și la facultate. Nimeni nu putea înțelege cum de obțineam mereu note mari, în ciuda dificultății examenelor. Nu este greu să-i înțelegi pe cei ignoranți, pentru că ei urmează întotdeauna aceleași tipare.

În ambele cazuri, problemele pe care le inventează oamenii, indiferent de nivelul lor de educație, le dau un fals sentiment de importanță, pe care îl folosesc pentru a-și construi imaginea de sine. De aceea le place să mă bârfească pe mine; viețile lor sunt atât de plictisitoare încât există multe de spus despre mine. Când nu se întâmplă nimic interesant în viața lor, ajung adesea într-o stare în care cred că își pot crea un sens pentru ei înșiși alegând pe cineva pe care să bârfească. A avea pe cineva pe care să bârfească le dă un fals sentiment de importanță și inteligență. Prin urmare, cu cât realizați mai multe în viață, cu atât mai puțin contact ar trebui să aveți cu ei. Ei vă consumă energia creându-vă probleme prin bârfe și răspândind minciuni.

Acest comportament este adesea folosit împotriva persoanelor populare, motiv pentru care a trebuit să mă opresc din predat. În loc să discute despre ceea ce au învățat, oamenii se concentrează asupra vieții lor personale, pentru că ignoranții nu învață nimic; ei caută doar distracție. Acesta este motivul pentru care sunt ignoranți. Le place să fie distrați. Înțelepții, pe de altă parte, citesc și nu își fac griji pentru lucruri care nu contribuie la progresul lor. Validarea înțeleptului vine de la el însuși, nu din minciuni, calomnii și bârfe.

Dezavantajul căutării validării prin zvonuri și bârfe este că oamenii devin atât de implicați în viețile altora încât o neglijează pe a lor. Atunci când decid în cele din urmă să se distanțeze de grupul care îi validează, aceiași oameni îi descurajează sau nu mai fac parte din viața lor. Dacă oamenii pe care îi cunoști de ani de zile nu vor sau nu se așteaptă să te schimbi, ei se vor opune creșterii tale și se vor opune oricui te poate ajuta. Nu va trece mult timp până când vor recurge la discuții inutile, confruntări și, în cele din urmă, la dispariție. Aceste situații sunt atât de previzibile încât pot fi anticipate. Este ca și cum ai observa o persoană cu o boală mintală care inventează explicații pentru starea sa, deoarece acest comportament este comun în rândul populației generale.

Cu puține excepții, marea majoritate a oamenilor își construiesc o lume pe care o percep ca fiind solidă și refuză să accepte schimbarea atunci când ceva perturbă această lume. În schimb, ei fabrică explicații nedovedite pentru a-și menține iluziile. Majoritatea oamenilor au opinii și explicații despre orice, dar știu foarte puțin. Viețile lor sunt dictate de obișnuință. Ei citesc rar, iar atunci când o fac, este vorba, de obicei, de materiale pline de bun simț, popularizate de cei care caută să își întărească propriul ego. Atunci când caută studii superioare, caută doar ceea ce le susține argumentele, nu ceea ce le pune la îndoială. Acest lucru este valabil mai ales în cazul profesorilor care pot vorbi pe larg despre subiecte pe care nu le înțeleg pe deplin. Acest lucru este comun în științele sociale, unde există o abundență de teorii, dar rezultatele sunt în general rare.

În general, oamenii nu au interesul de a căuta informații valoroase sau capacitatea intelectuală și umilința de a discerne ce este cu adevărat valoros. Majoritatea oamenilor nici măcar nu știu cum să gândească critic. Gândurile lor sunt predeterminate de constantele pe care le observă în lume și de ceea ce filtrează în propriile lor minți iluzorii.

Capitolul 18: Iluzia conformismului

Conformismul nu ofensează sau nu supără pe nimeni pentru că este lipsit de adevăr; el se bazează pe validarea iluziilor și a acordurilor sociale. Nu contează câți oameni ascultați, câte mii de pagini de cărți citiți sau cât de multe credeți că știți. Ori de câte ori aderați la conformitatea socială, nu veți progresa niciodată dincolo de ceea ce este permis de societate și de standardele sale de credință. Lenea, încăpățânarea și ignoranța pot rămâne ascunse atâta timp cât rămâi în normele sociale previzibile.

Această stare de a fi este o formă de amorțeală spirituală și de sclavie pe care mulți au acceptat-o de bună voie și cu care s-au obișnuit din cauza naturii lor joase și a predispoziției spirituale negative. Doar atunci când întâlnim pe cineva în afara acestor norme începem să recunoaștem aceste caracteristici. De exemplu, oamenii simt adesea un sentiment de ignoranță atunci când vorbesc cu mine, în principal pentru că eu nu urmez normele sociale. În schimb, eu urmez principii care transcend societatea însăși. Am observat în mod repetat că această abordare îi derutează, deoarece încearcă în mod constant să încadreze cuvintele mele în cadrul lor social. Ei se străduiesc să înțeleagă afirmațiile mele ca fiind adevăruri sau legi imuabile. Acest refuz de a-mi recunoaște perspectiva provine din ego-ul lor, care îi determină să mă învinovățească pentru conflictul de valori rezultat în interiorul lor - în esență, propria lor disonanță cognitivă - în loc să-și recunoască limitele.

Nimănui nu-i place să realizeze că majoritatea oamenilor sunt ineficienți și inutili dincolo de structura socială. Chiar dacă unul din cinci mii de oameni este considerat valoros, acest lucru nu schimbă prea mult imaginea socială mai largă. Cei care sunt cu adevărat valoroși se îndoiesc adesea în mod eronat de utilitatea lor, din cauza influenței copleșitoare a mentalității majoritare. Între timp, există o ostilitate generalizată față de diferențe, care îi face chiar și pe gânditorii critici să se simtă izolați și să sfârșească prin a se conforma opiniilor majorității. Această presiune este prezentă în fiecare interacțiune, indiferent de locul în care vă aflați.

Atunci când încercați să eludați aceste principii pentru a evita disconfortul, de fapt eludați adevărul. Indiferent cât de bine elaborate sunt teoriile sau planurile tale, ele nu vor avea succes dacă nu recunoști aceste principii de bază. Cei care cred că pot concepe un plan prin care să ocolească aceste realități sociale sunt rătăciți; ei încearcă doar să navigheze într-o situație impusă de societate fără să pună la îndoială societatea care a creat-o. Acest fenomen este evident în special în rândul așa-numiților nomazi, liber-profesioniști și lucrători la distanță. Aceste persoane vorbesc adesea ca și cum ar fi proprietarii unor companii importante, mai importante decât celelalte. Mi se par fascinante poveștile lor, deoarece nimic la ei nu este în mod inerent special, iar ceea ce spun despre ei înșiși este adesea o minciună completă.

Toți oamenii pe care i-am cunoscut în aceste domenii și-au luat un loc de muncă fără un contract formal, lucrând independent, fără să se stabilească într-un birou tradițional. Singurul lucru care îi diferențiază de ceilalți lucrători este situația lor profesională precară, care îi obligă să caute în permanență noi oportunități. Sunt freelanceri sau lucrători independenți, dar acest statut nu le conferă o semnificație specială. Aceste persoane răspund pur și simplu lipsei globale de locuri de muncă, dar nu au rezolvat problema de fond. Dimpotrivă, fără să vrea, au facilitat companiilor să plătească salarii mai mici și să concedieze lucrătorii cu impunitate.

Lucrătorii online nu au inițiat o schimbare semnificativă; ei s-au adaptat doar la provocările actuale legate de capacitatea de inserție profesională și la inflația constantă de pe piață. Ei nu recunosc că veniturile și libertatea lor sunt limitate de concurență și de loialitatea clienților. Țările pe care le prezintă ca simboluri ale bogăției și statutului sunt de obicei cele mai sărace din lume, deoarece este mai ușor să te simți bogat atunci când salariul mediu este scăzut. De aceea, ei vorbesc despre Columbia, Indonezia și Thailanda ca și cum ei le-au ales, în loc să recunoască faptul că li s-a permis să intre și să rămână în aceste țări, adesea în condiții precare.

În timp, consecințele grave ale incapacității de a accepta schimbarea pot duce la rezultate teribile, cum ar fi moartea. Din acest motiv, mulți oameni dispar în timp, devenind mai săraci, îmbolnăvindu-se sau sinucigându-se. Acest lucru este de așteptat de la persoanele care sunt incapabile să-și schimbe obiceiurile dăunătoare, nesigure și leneșe, fie că este vorba despre dependențe, lipsa dorinței de a se îmbunătăți sau modele alimentare nesănătoase. De exemplu, cei care fumează excesiv dau dovadă de o profundă lipsă de respect pentru corpul lor şi par a fi nişte conformişti ignoranţi. Ei caută să îşi atenueze nemulţumirea faţă de viaţă nu prin schimbare, ci prin substanţe chimice care le prelungesc starea actuală. De asemenea, am întâlnit mulţi oameni care par fericiţi la suprafaţă, dar care îmi mărturisesc în privat că se luptă cu depresia şi tendinţele suicidare.

Capitolul 19: Transcenderea materialismului

Atunci când vedem sfârșitul corpului fizic doar ca pe o altă fază a evoluției, realizăm că conștiința nu este limitată de lumea materială. Dimpotrivă, materialismul forțează conștiința să treacă printr-o transformare constantă. Toate cunoștințele sunt create prin conștientizarea inconștientului. Cu toate acestea, atunci când această conștiință este amorțită de substanțe chimice, oamenii se afundă și mai mult în obiceiurile și inconștiența lor, devenind din ce în ce mai rezistenți la schimbare. Viețile lor sunt guvernate de plăcere, nu de conștiință.

Mulți dintre acești oameni au capacitatea de a raționaliza probleme complexe, dar atunci când li se cere să schimbe un comportament negativ, ei schimbă subiectul și manifestă aversiune față de schimbare. Deoarece nu toată lumea poate fi internată într-un centru de reabilitare spirituală pentru a-și rezolva problemele cu viața, ei locuiesc pe singurul spital spiritual natural cunoscut: planeta Pământ. Această planetă servește drept refugiu pentru sufletele din univers care nu pot evolua cu alte rase și au nevoie de o realitate de densitate superioară, caracterizată prin durere, inerție și suferință rezultate din ignoranță. În consecință, societatea în care trăim reflectă această masă socială colectivă.

Valorile acceptate de societate sunt reflectate în sistemul educațional, în literatura populară și în discursul public. Aproape toate aceste elemente reflectă aceeași paradigmă dominantă. Singura modalitate de a scăpa de această paradigmă este prin pragmatism și confruntarea cu normele și convingerile puternic susținute. Toată învățarea este o iluzie dacă nu devine pragmatică. Acest pragmatism provine din percepția personală, deoarece nu există nicio altă modalitate de a trece de o masă de suflete iluzorii. Acesta este motivul pentru care cele mai bune cărți sunt de obicei dincolo de înțelegerea celor mai mari conformiști și sunt greu de găsit.

Oamenii care inițiază schimbarea sunt de obicei întâmpinați cu ostilitate de către conformiști, care îi văd ca pe o amenințare diabolică din cauza fricii lor de schimbare. Ca urmare, marea majoritate a oamenilor nu învață ceea ce ar trebui, ci doar ceea ce pot. Acest lucru este evident astăzi, deoarece multe companii refuză să publice cărțile mele și, în multe cazuri, le ascund de public. Ca urmare, atunci când cineva caută subiectele explicate aici, ajunge să citească alte lucrări care perpetuează iluziile în loc să le conteste.

Și mai extraordinar este atunci când oamenii critică literatura care le contestă convingerile, pentru că nu pot vedea limitele acesteia. Ei insultă și dau vina pe autor pentru că nu prezintă o teorie care să se potrivească mai bine convingerilor și falsurilor lor iluzorii.

De fapt, ei preferă adesea mincinoșii care pot oferi argumente convingătoare pentru a le menține exact așa cum sunt și pentru a împiedica orice schimbare. Atât cărțile de ficțiune, cât și cele populare de non-ficțiune dezvăluie aceste tipare. Puteți învăța multe despre societate studiind aceste cărți, deși rareori vă ajută să reușiți și, în multe cazuri, vă pot duce la nebunie.

Același lucru este valabil și pentru religie, care trebuie să se conformeze așteptărilor și nevoilor emoționale ale maselor. Acesta este motivul pentru care grupurile populare, cum ar fi creștinii, au adesea o cantitate uriașă de fantezie în poveștile lor. Oamenii acceptă doar ideile care îi ating emoțional. Fără conștientizarea nevoilor lor spirituale interioare, nicio învățare externă nu poate modifica structura conștiinței minții. Această lipsă de conștientizare este motivul pentru care mulți oameni suferă de probleme pe care refuză să le înfrunte.

Utilizarea pe scară largă a medicamentelor psihotrope, împreună cu obsesia pentru religie, reflectă o tendință generalizată a populației de a evada din realitate. Cu toate acestea, această evadare nu modifică semnificativ starea spirituală. Mulți par să locuiască Pământul ca și cum ar fi un azil pentru suflete tulburate. Consumul de droguri sau aderarea la o religie care nu face decât să valideze luptele spirituale comune nu fac decât să mascheze problemele subiacente.

În plus, psihiatrii și preoții împiedică adesea, fără să vrea, evoluția sufletelor, împiedicându-le să transceadă în ceea ce mulți numesc paradis, prin oferirea de servicii care răspund nevoilor emoționale. În acest fel, psihiatria și religia pot deveni bariere semnificative în calea creșterii spirituale, atacând manifestările independente ale sufletului și consolidând iluzia că aceste persoane îndeplinesc diverse nevoi, precum apartenența, acceptarea, respectul și stima.

Majoritatea oamenilor se alătură grupurilor religioase deoarece învățăturile dau sens vieții și promovează crearea de prietenii. Cu toate acestea, adesea ei nu înțeleg cum pot fi trăite aceste credințe în afara grupului. Ei percep schizofrenia lumii ca fiind diferită de manifestările din propriul lor grup. În mod similar, dependenții de droguri psihotrope cred adesea că lumea, așa cum este ea, reprezintă totalitatea existenței și cred că numai prin intermediul substanțelor chimice viața poate fi savurată în mod normal.

Capitolul 20: Iluzia educației

Deoarece mintea acceptă doar ceea ce este pregătită să primească, nevoile interioare sunt strâns legate de cunoașterea de sine. Trebuie să te ridici deasupra stării tale actuale pentru a experimenta gânduri de o nouă natură și noi vise alimentate de idei și viziuni noi. Din păcate, mulți oameni trăiesc într-o stare de zombie, guvernați de influențe subconștiente latente, fie că este vorba de fraze pe care le-au auzit încă de la naștere, de valori pe care le-au absorbit de la părinți sau le-au copiat de la prieteni, chiar și de la cei pe care nu i-au mai văzut de ani de zile. Ei trăiesc conform unui set de valori impuse de diverse structuri sociale. Adesea, aceste valori sunt impuse prin traumă și frică, fie prin pedeapsă, ridiculizare sau alte experiențe dureroase din punct de vedere emoțional, inclusiv cele pe care le considerăm normale, cum ar fi susținerea unor teste la școală.

Dacă vă uitați la expresiile de pe fețele elevilor înainte și după un test, veți vedea că rezultatul testului reflectă valoarea lor pentru societate și le modelează imaginea de sine pentru tot restul vieții. Cu toate acestea, mulți antreprenori au fost studenți slabi, deoarece nu le-a păsat prea mult de notele lor. Atunci când încep o nouă afacere, acordă puțină atenție greșelilor, ceea ce le permite să învețe, să corecteze și să evolueze mai repede decât o persoană obișnuită care nu poate gândi în afara cutiei. De fapt, este mult mai greu să înveți un student universitar cum să se pregătească pentru un examen decât să înveți un copil, deoarece studenților universitari nu le pasă în general de înțelegere; ei și-au petrecut întreaga viață învățând să memoreze informații pe care nu le înțeleg.

Acest lucru este deosebit de problematic atunci când ne dăm seama că mulți oameni în care avem încredere, cum ar fi medicii, dentiștii și asistentele medicale, nu știu cu adevărat ce fac. Răspunsul pe care îl primesc întotdeauna este: „Asta mi s-a spus în facultate", ceea ce dovedește că nu le pasă de implicațiile a ceea ce predau. Chiar și atunci când analizăm modul în care oamenii sunt selectați pentru un loc de muncă, constatăm că aceasta este o experiență traumatizantă în sine. Mulți oameni se tem atât de mult să nu fie judecați încât le pasă mai mult să fie acceptați decât să-și găsească propriul drum. Ei sfârșesc prin a-și pierde capacitatea de a visa, deoarece stima lor de sine a fost modelată de prea multe experiențe negative de eșec și respingere.

Mai mult, atunci când nu văd recompense imediate sau se confruntă cu provocări în orice domeniu al vieții - de la relații la afaceri - renunță rapid. Persoana obișnuită este prea slabă pentru a se angaja în ceva mai important decât imaginea sa socială, cum ar fi respectul de sine. De fapt, mulți oameni schimbă respectul de sine pentru orice oferă un venit mai mare și o viață mai plină de satisfacții sociale. Din acest motiv, nu există o corelație directă între notele școlare, dificultatea de a găsi un loc de muncă și succesul în viață. De exemplu, Jack Ma, fondatorul Alibaba, a fost respins de mulți angajatori înainte de a-și înființa compania, inclusiv ca om care livra hamburgeri. Acest lucru dovedește că un mare antreprenor și o persoană bogată sunt caracterizate de obiceiurile și mentalitatea lor, și nu de judecățile societății.

Pe de altă parte, este de asemenea adevărat că cei mai buni antreprenori nu sunt întotdeauna buni angajați, tocmai pentru că sunt foarte creativi și se plictisesc ușor. Nu mi-am dat seama de asta în copilărie, dar motivul pentru care eram mereu distrasă și visam cu ochii deschiși în clasă era că eram mai deșteaptă decât ceilalți, nu mai puțin. Nu eram destinat să eșuez și să ajung să am o slujbă cu salariu mediu, așa cum mi-a sugerat psihologul școlii, nici să renunț la facultate, așa cum m-au încurajat familia și profesorii mei. În schimb, am fost destinat să devin ceea ce sunt astăzi, dar a trebuit să descopăr acest lucru pe cont propriu, pentru că nimeni nu mi-a spus.

Cu timpul, am descoperit că cele mai importante aptitudini, precum creativitatea și capacitatea de a gândi independent, deși sunt deseori considerate indezirabile de către societate în general, ne fac mai mult decât oricine altcineva. Chiar și faptul că, în calitate de profesor, scriam mereu cărți i-a făcut pe colegii mei să mă vadă ca pe un nebun care scria prostii și pierdea timpul, mai degrabă decât ca pe cineva care făcea o investiție serioasă în cunoștințe care mă vor duce spre noi culmi.

Un alt motiv pentru care oamenii nu își vor realiza niciodată eforturile este că sunt hotărâți să își păstreze viața așa cum este, în loc să înceapă din altă parte și să facă ceva diferit. Ca urmare, nu își pot imagina asta la alţii. Tocmai această incapacitate de a se adapta şi de a învăţa din greşeli îi face pe majoritatea oamenilor, în special pe profesorii universitari, mai puţin utili în peisajul de afaceri în continuă evoluţie, ceea ce poate contribui la eşecul multor companii. Nu este de mirare că aceştia folosesc adesea materiale şi cărţi învechite, condamnându-şi studenţii să se adapteze la o lume care nu mai există. Acesta este motivul pentru care atât de mulţi absolvenţi ajung şomeri şi, în unele cazuri, fără adăpost, deşi au o diplomă universitară.

Capitolul 21: Provocarea adaptării la o lume în schimbare

Așa cum am observat adesea, majoritatea oamenilor au dificultăți în a se adapta la contexte diferite. Ei cred în mod eronat că inteligența lor constă în capacitatea lor de a repeta sarcini. Cu toate acestea, această repetiție duce la obsolescența organizațiilor și instituțiilor în timp. Atunci când o organizație încearcă să implementeze schimbări, angajații se opun adesea în diverse moduri. De exemplu, atunci când mi s-a cerut să îi învăț pe alți profesori universitari cum să își îmbunătățească metodele de predare, unii au inventat scuze pentru a nu participa, în timp ce alții erau distrași de telefoanele lor mobile, acționând la fel ca proprii lor studenți.

Pe măsură ce trece timpul, inadecvarea indivizilor în lume devine tot mai evidentă, deoarece aceștia nu reușesc să dezvolte competențele necesare pentru a-și justifica pozițiile. În timp ce mulți profesori se pot ascunde în spatele unei fațade de competență pe care nu o dețin cu adevărat - în mare parte pentru că universitățile prețuiesc diplomele mai mult decât experiența de viață - studenții se confruntă cu o realitate sumbră. După vârsta de 30 de ani, o persoană fie este validată de o carieră semnificativă, fie riscă să rămână șomer pe viață, deoarece companiile preferă, în general, să angajeze proaspeți absolvenți.

În ultimii ani, odată cu apariția inteligenței artificiale, acest fenomen se accelerează; chiar și proaspeții absolvenți ar putea deveni în curând inutili. Singurele profesii care au șanse să supraviețuiască în viitorul apropiat sunt cele ale căror competențe nu pot fi replicate de inteligența artificială, și anume artele și creativitatea. Cu alte cuvinte, cei care nu pot gândi critic vor fi din ce în ce mai marginalizați. Gândirea este în mod fundamental arta de a articula puncte de vedere diferite, nu doar de a le eticheta ca fiind corecte sau greșite. În mod ironic, acest lucru înseamnă că oamenii care sunt îndoctrinați perfect de instituțiile guvernamentale sunt de obicei aceiași pe care companiile nu doresc să îi angajeze.

Mulți oameni cred în mod eronat că un nou guvern poate rezolva problemele înrădăcinate într-o cultură a indivizilor dezinformați și prost orientați. Mulți profesori risipesc banii contribuabililor reproducând sistemul existent în loc să îl schimbe. Această concepție greșită despre șomaj apare deoarece oamenii nu înțeleg că eficiența vine din schimbare și adaptare, nu din stagnare și repetarea modelelor învechite. Mulți dintre cei care se consideră experimentați și experți în domeniul lor nu își găsesc un loc de muncă pentru că se simt inadecvați pentru o societate care a mers mai departe fără ei. Ei nu își dau seama că societatea pe care o cunoșteau nu îi mai vrea, tocmai pentru că sunt previzibili.

Societatea trebuie să evolueze prin diferenţiere, nu prin simpla repetare a trecutului.

Un polimat, respins de sistemul educaţional, are un potenţial de angajare mai mare decât cineva care a petrecut ani de zile studiind o singură materie. În plus, pe măsură ce conştiinţa se extinde şi se adânceşte, transformările din realitatea unui individ devin mai profunde, rezultând o dorinţă mai mare de a învăţa şi o capacitate extinsă de înţelegere. În acest fel, ciclul de transformare şi ciclul de învăţare semnificativă sunt intrinsec legate.

Cu cât societatea se schimbă mai repede, cu atât mai repede trebuie să ne adaptăm pentru a ne îmbunătăţi viaţa. Nimeni nu munceşte mai mult decât cei care schimbă lumea. Nu îi veţi depăşi niciodată pe cei mai buni în colectarea de date, consultanţă, investiţii şi antreprenoriat, aşa că, deşi puteţi lucra întotdeauna mai puţin, nu veţi lucra niciodată prea mult. O persoană eficientă este cea care se poate adapta la contexte diferite.

Când vorbim despre „învăţarea semnificativă", ne referim la cunoştinţe care ne permit să înţelegem lumea din jurul nostru din diverse perspective. Obiceiul de a acumula cunoştinţe semnificative ne remodelează gândirea şi umple golul creat de nevoile nesatisfăcute în educaţia noastră. Deşi cunoştinţele nu ne oferă bunuri fizice, ele ne învaţă cum să le dobândim, ducând la transformări externe care ne modifică ulterior structurile interne. Cu cât cunoaştem mai mult, cu atât putem face mai mult pentru noi înşine şi pentru ceilalţi, generând o valoare mai mare care poate fi schimbată pentru bogăţie.

Am trecut de la schimbul de legume şi animale la schimbul de competenţe şi cunoştinţe. Cu toate acestea, o parte semnificativă a populaţiei rămâne blocată într-o mentalitate medievală. Aceştia nu recunosc importanţa cultivării intelectului lor pentru a obţine fructele care pot fi schimbate, insistând în schimb să vândă terenuri goale atunci când solicită un loc de muncă. Ei cred că merită o viaţă bună doar pe baza personalităţii lor, care este cea mai mare minciună pe care narcisiştii şi-o spun singuri.

Mulţi oameni nu reuşesc să vadă legătura dintre ceea ce ştiu şi ceea ce pot obţine şi sunt surprinşi de o lume care le dă înapoi exact ceea ce ei dau: nimic. De fapt, aceiaşi indivizi eşuează adesea din nou atunci când sunt motivaţi emoţional să caute validare şi bogăţie în domenii despre care nu ştiu nimic. Această gândire imatură şi greşită se manifestă de fiecare dată când cineva mă întreabă cum vând cărţi, ceea ce se întâmplă des. Ei nu se gândesc niciodată cum să scrie o carte care merită citită; încă nu am întâlnit pe nimeni care să pună această întrebare. În schimb, ei merg de obicei în direcţia opusă, întrebându-mă cum să depăşesc blocajul scriitorului, un eufemism pentru a spune că nu au nimic semnificativ de împărtăşit. Unii oameni chiar se enervează când le sugerez că, pentru a scrie cărţi mai bune, ar trebui să citească mai mult. Acest lucru arată cât de iluzionaţi sunt cu privire la propriile lor abilităţi. Nu le doresc decât eşec, lipsă de vânzări şi şomaj, deoarece contribuţiile lor nu fac decât să înrăutăţească lumea.

Capitolul 22: Căutarea cunoașterii adevărate

I luzia perpetuată de instituțiile de învățământ guvernamentale duce la acumularea a nenumărate informații care, în cele din urmă, sunt inutile minții și nu promovează un sentiment de libertate sau împlinire. Ca urmare, supraabundența de informații poate diminua căutarea adevărului și poate determina indivizii să se agațe de relativism și nihilism. Mulți studenți mi-au spus că volumul copleșitor de informații pe care nu le pot folosi îi incapacitează să găsească un sens superior vieții.

Atunci când învățarea sau alegerile noastre sunt motivate mai degrabă de nevoi externe decât interne, adevărata evoluție este înăbușită. Acest tip de învățare nu este motivat de plăcere, ci de datorie, determinând indivizii să își piardă identitatea în acest proces. Problema cu aceste distorsiuni este că ele interferează cu capacitatea noastră de a supraviețui. Cu toate acestea, atunci când luați inițiativa de a vă dezvolta propriile abilități, societatea invalidează adesea aceste eforturi.

De exemplu, pentru că nu am studiat în mod oficial literatura, muzica sau informatica, mulți oameni din întreaga lume se simt jigniți de capacitatea mea de a scrie cărți, de a vinde muzică și de a crea afaceri online și aplicații fără efort. Ei consideră că realizările mele sunt scurtături și înșelătorii în viață și văd lipsa mea de educație formală drept ceva ilegal sau necinstit.

Majoritatea oamenilor interpretează realitatea prin această lentilă îngustă pentru că nu își pot imagina o lume dincolo de standardele care le-au fost predate. Acest lucru îi determină să considere căile alternative drept nelegitime. Le este greu să conceapă indivizi care au mai mult succes și sunt mai capabili decât ei. De fapt, mulți sunt iritați de capacitatea unora de a-i depăși în realizările lor, folosind tehnici și cunoștințe mai bune decât cred ei că sunt adevărate.

Am fost invitat la cină de mulți oameni care doreau să pună întrebări și să pună la îndoială răspunsurile mele, ceea ce m-a făcut să mă întreb dacă nu cumva îmi pierd timpul. Adesea, oamenii par să fie prea înrădăcinați în convingerile lor pentru a învăța ceva dincolo de ceea ce s-au convins că este adevărat. Eșecurile lor în viață provin nu numai din lipsa norocului, ci și din lipsa inteligenței și a bunului simț. În general, se poate spune că sunt prea limitați în gândirea lor pentru a prospera.

Mulți indivizi sunt incredibil de limitați de regulile sociale și de cunoștințele acceptate colectiv, respingând pe oricine se opune opiniilor lor și văzându-i ca pe o amenințare la adresa existenței lor. Ca grup, ei contribuie la evitarea a ceea ce este valoros și la dispariția percepțiilor importante despre lume. Aceste persoane caută rareori cărți care prezintă idei care nu pot fi împărtășite cu alții sau care ar putea provoca critici, trăind ca animalele în cușcă care și-au acceptat condiția. De asemenea, ei resping orice idee care le-ar putea invalida viziunea asupra lumii.

Acest comportament este animalic, indicând faptul că aceste persoane sunt atașate de nevoile lor primitive de supraviețuire prin legături emoționale și validare tribală. Ei nu sunt spirituali; dacă pretind o formă de religie, aceasta este doar o încercare superficială de a-și valida ignoranța printr-o forță externă, de obicei fabricată de imaginația lor și susținută de informații dezorganizate și prost traduse pe care le-au găsit. Ei vor schimba religia dacă una dintre ele nu le satisface nevoile, declarând că noua credință este mai adevărată decât cea anterioară. Aceste persoane nu și-au trezit încă sufletul la căutarea cunoașterii.

Aceasta ridică întrebarea: este situația lor cu adevărat nefericită sau este doar o consecință a incapacității lor de a se adapta la evoluția lumii din jurul lor? Adevărata călătorie spirituală începe atunci când o persoană decide să caute răspunsuri la propriile probleme. Această călătorie începe în minte și necesită maturitatea spirituală de a-și recunoaște propriile limite - un lucru pe care, din păcate, mulți părinți nu reușesc să îl încurajeze la copiii lor atunci când îi supraprotejează și le spun că merită tot ce își doresc. Acești părinți își afectează copiii pe viață, făcându-i să nu fie conștienți de propria incompetență și inadecvare ca adulți.

De asemenea, s-ar putea susține că educatorii conduși de ego, prin atașamentul lor față de sistemul pe care îl reprezintă, contribuie la existența unor cetățeni frustrați, apatici, nefericiți și pierduți, prinși în iluziile materialismului și lipsiți de ambiția cunoașterii. Cu toate acestea, acești educatori sunt, de asemenea, produse ale sistemului pe care îl perpetuează, deoarece ei sunt tocmai cei care au capacitatea ridicată de a-l menţine şi de a-l transmite generaţiilor următoare, care tânjesc după surse şi metode mai bune. De fapt, aceasta este ceea ce specialiştii în educaţie învaţă la universitate: diverse modalităţi de a menţine status quo-ul, convingându-i în acelaşi timp pe elevi că învaţă, când ei ştiu instinctiv că nu o fac. Diferitele tulburări educaţionale care continuă să fie inventate sunt simptome ale unei societăţi disfuncţionale, imature şi iresponsabile care preferă să transfere responsabilitatea pentru viitor asupra copiilor.

Capitolul 23: Manipularea emoțiilor

Observăm adesea un sentiment de satisfacție atunci când un elev înțelege în sfârșit o materie care i-a fost dificilă. Cu toate acestea, această satisfacție nu reflectă adevărata conștientizare sau evoluție. De fapt, ea este îndreptată împotriva sistemului educațional în sine, care manipulează gândirea prin emoții. Această bucurie de a învăța se manifestă fizic ca o eliberare de problemele asociate cu neînțelegerea, probleme pe care sistemul le-a insuflat pentru a conduce elevul într-o anumită direcție. În esență, elevul care înțelege simte bucuria de a scăpa de ignoranța impusă de sistemul educațional. Este ca și cum te-ai simți ușurat că un dușman a devenit un prieten, chiar dacă nefericirea situației inițiale a dat sens fericirii celui din urmă.

Un fenomen similar a avut loc în timpul pandemiei de coronavirus, când oamenii s-au bucurat că au primit vaccinurile. Această bucurie a fost condiționată de teama generalizată de infecție, diseminată zilnic de mass-media. Cu alte cuvinte, oamenii au fost condiţionaţi să reacţioneze într-un anumit fel prin manipularea zilnică a emoţiilor lor.

Deşi iluziile se manifestă în ego prin diverse semnificaţii, ele nu capătă importanţă din cauza semnificaţiilor pe care le atribuim. În schimb, ele rămân iluzii, deoarece adevărata conştientizare constă în recunoaşterea faptului că ne putem determina propriile semnificaţii doar prin ceea ce ne face să avansăm, mai degrabă decât prin conformarea la mentalitatea conformistă a societăţii.

Cea mai provocatoare şi mai puternică realizare în viaţă este că majoritatea oamenilor, cu foarte puţine excepţii, nu sunt cu adevărat vii. Ei trăiesc într-o stare intermediară între amintirile trecutului şi obligaţiile viitorului. Fără să înţeleagă sensul vieţii, ei rămân orbi la posibilităţile din afara perspectivei lor limitate. Această viziune îngustă le modelează identitatea, comportamentul şi naraţiunile pe care şi le spun singuri şi altora pentru a-şi justifica acţiunile. Cu cât se simt mai ignoranţi, cu atât se cred mai importanţi. Sentimentul lor de importanţă este întărit de ignoranţa celorlalţi. Ei cred că, dacă un număr mare de oameni validează falsurile de care se agaţă, acest lucru le sporeşte cumva importanţa.

Această nevoie de a aparţine unei majorităţi îi face pe oameni susceptibili la manipulare, iar din această dinamică ia naştere mândria. De exemplu, în timpul pandemiei de coronavirus, mulţi s-au simţit satisfăcuţi că fac parte din majoritatea care a primit vaccinul. Acest sentiment s-ar fi diminuat dacă ar fi făcut parte din minoritatea care l-a refuzat, dar în ambele cazuri se bazau exclusiv pe sugestiile unor figuri autoritare care, de-a lungul istoriei, și-au mințit și și-au rănit propriul popor în numele idealurilor socialiste.

De fapt, Agenda 21, un proiect de dezvoltare durabilă semnat de 178 de guverne, discută importanța asistenței medicale și a vaccinurilor ca parte a unei strategii mai ample de reducere a sărăciei și de combatere a suprapopulării. Documentul leagă în mod sistematic serviciile de sănătate de dezvoltarea durabilă. Cu toate acestea, cum pot fi legate aceste două aspecte dacă ne dorim cu adevărat ca oamenii să fie mai sănătoși și să trăiască mai mult?

Etichetarea celor care pot vedea evidentul ca nebuni sau teoreticieni ai conspirației nu invalidează presupunerea ilogică că mai multe servicii medicale vor rezolva problemele suprapopulării și sărăciei, cu excepția cazului în care evităm în mod deliberat să discutăm despre genocidul lent prin programe de asistență medicală. Ar trebui să fii incredibil de naiv ca să nu vezi acest lucru, dar majoritatea oamenilor sunt, motiv pentru care aceste documente sunt ignorate de marea majoritate, dovedind că civilizația nu a învățat nimic din greșelile istorice și din alte greșeli la fel de naive. Majoritatea sunt atât de hotărâți să nu fie considerați ignoranți încât sfârșesc prin a face exact ceea ce face o persoană ignorantă: ignoră logica.

Reflectând asupra propriilor mele experiențe ca elev, îmi amintesc că am fost exmatriculat din clasă pentru că nu respectam anumite reguli sau pentru că râdeam prea mult. Râsul meu părea să îi jignească pe mulți profesori, care credeau că sala de clasă trebuie să fie un loc al suferinței. Colegii mei mă vedeau adesea părăsind sala zâmbind și se purtau ca și cum aș fi comis o infracțiune.

Recunoşteau că doar mă împotriveam unor reguli nedrepte sau îmi exprimam bucuria, dar mă vedeau pe mine ca fiind cel care greşea, nu pe ei înşişi. Mai târziu, când şi-au primit rezultatele la examene, au văzut aceste hârtii ca reprezentări definitive ale potenţialului lor, permiţând sistemului educaţional să le dicteze viitorul.

Ca profesor, am experimentat o situaţie similară. Elevii mei râdeau adesea la glumele mele, făcându-i pe unii să creadă că lecţiile mele nu erau la fel de serioase ca cele ale altor profesori. Cu toate acestea, studenţii erau întotdeauna excepţionali: rapizi, capabili şi foarte motivaţi. Spre deosebire de mulţi absolvenţi care se simţeau nemotivaţi în viaţă, studenţii mei au călătorit mult, au urmat studii suplimentare şi au rămas dornici să afle mai multe despre lume. Ei au câştigat numeroase premii şi au obţinut cele mai bune locuri de muncă pentru că minţile lor erau treze şi pregătite pentru călătoria necesară care urma.

Capitolul 24:
Eliberarea de iluzii

Vârtejul de iluzii ține ființa spirituală încurcată în minciunile construite de propria minte. Această încurcătură poate dura o viață și se poate extinde pe parcursul mai multor vieți, prinzând individul în cicluri karmice și împiedicându-l să-și realizeze capacitatea de a-și crea propriul destin. Atunci când acest potențial este cultivat, frica îl determină adesea pe individ să caute siguranța, nu schimbarea. În vremuri de frică, oamenii se agață mai strâns de ceea ce au. Răspunsul constă în a îmbrățișa schimbarea și a o lua de la capăt, însă mulți nu reușesc să vadă acest lucru, ceea ce îi împiedică să înțeleagă provocările din viața lor.

Mai mult, atunci când viața este confortabilă, oamenii rezistă adesea disconfortului pe care îl poate provoca schimbarea. Ei resping orice oportunitate de a scăpa de ciclurile în care se află. Adesea, boala și moartea sunt cele care rup aceste cicluri, adesea definitiv. Noile începuturi care ar trebui să apară în viață se manifestă de obicei mai târziu, prin renaștere. Un individ se poate confrunta cu un context nou - familie, naționalitate și circumstanțe diferite - și poate fi forțat să învețe din nou lecțiile la care a rezistat anterior.

De exemplu, o persoană care dorea să călătorească în India, dar se temea de barierele de comunicare sau de singurătate, poate renaște în India și poate experimenta atât dorințele, cât și temerile sale. În mod similar, o persoană care se agăța de bogăție și trăia într-un castel înconjurat de servitori poate renaște în sărăcie și învață să obțină ajutor de la alții, nu prin bani, ci prin personalitatea sa. Cu toate acestea, acest lucru nu garantează că oamenii vor învăța lecțiile necesare. Majoritatea se uită pur și simplu la experiențele lor neplăcute și ajung la concluzia că ceea ce au este tot ce pot realiza, fără să se aventureze vreodată în ceva nou sau diferit. Mulți nu au călătorit niciodată într-un alt oraș din propria țară și puțini cunosc toate orașele naționale sau țările învecinate. Unii chiar cred că pentru a călători este nevoie de avere, ceea ce este o concepție greșită.

Deși libertatea necesită anumite resurse financiare, ea nu necesită o avere. Costul vieții în altă parte este relativ scăzut; o persoană cu doar 5.000 de dolari pe lună poate călători oriunde în lume și trăi ca un localnic. Deși 5.000 de dolari pot părea substanțiali, acest lucru se datorează în principal faptului că majoritatea oamenilor din lume nu au acces la această sumă. Pentru cineva născut acum 50 de ani, când costul vieții era mai scăzut, această sumă ar părea și mai semnificativă. În zilele noastre, a fi milionar este atât de banal încât nu mai atrage atenția. Noua aspirație este aceea de a deveni miliardar, iar în viitor trilionarii vor fi cei care vor atrage atenția. Această schimbare în centrul atenției se datorează în mare parte scăderii valorii banilor în timp, cauzată de inflație.

Viața devine mai dificilă pentru majoritate, care nu sunt pregătiți pentru o lume care rămâne în urmă, în timp ce cei care înfruntă dificultățile și îmbrățișează inovația pornesc în călătoria spre bogăție și libertate. Eu culeg cu siguranță roadele multor ani de muncă grea, în timp ce văd membri ai familiei care nu m-au ajutat niciodată din egoism murind în mizerie și mulți prieteni care nu reușesc în viață, în ciuda diplomelor lor universitare. Chiar și studenții mei, care nu m-au luat în serios atunci când le-am predat lecții importante despre viață, spun acum că vor să aibă aceeași viață ca mine, deoarece se simt prinși într-o viață pe care nu și-o doresc, în ciuda avertismentelor mele că nu este cea mai bună opțiune.

Într-o economie globală, metodele de creare a bogăției sunt mai relative, iar noi nu mai putem folosi metodele prin care strămoșii noștri au prosperat. De fapt, este o prostie să credem și să ne așteptăm ca un guvern să aducă schimbarea, în loc să o căutăm prin migrație. De exemplu, începerea unei afaceri în Europa poate necesita un efort considerabil, în timp ce același demers poate fi relativ ușor în altă parte. Această disparitate provine din structurile diferite care facilitează sau împiedică accesul la avere în diferite regiuni.

În Europa, accesul la avere a fost restricționat istoric pentru a împiedica clasele inferioare să concureze cu clasele superioare. În Statele Unite, pe de altă parte, concurența este un aspect fundamental al prosperității națiunii. Creșterea Statelor Unite a stagnat atunci când clasele superioare au blocat accesul claselor inferioare la bogăție. Această luptă explică de ce probleme sociale precum rasismul și discriminarea sunt atât de sensibile în SUA. Însăși identitatea națiunii este în joc, iar țara s-ar putea confrunta cu un viitor sumbru atât timp cât nu există o identitate care să îmbrățișeze diversitatea. Ne dezvoltăm prin diversitate și inovație, iar Statele Unite, Canada, Singapore, Elveţia şi Australia sunt exemple bune în acest sens. Ele şovăie doar atunci când uită acest adevăr fundamental.

Capitolul 25: Puterea imaginației

Cea mai mare teamă a multora este teama de a nu avea nimic. Cu toate acestea, există o binecuvântare unică în a nu avea atașamente - nimic de care să te temi că pierzi - și capacitatea de a o lua de la capăt. Cei mai înțelepți oameni din istorie, de la diferiți călugări la cei mai mari filosofi greci, au căutat să posede puțin pentru că au înțeles acest adevăr profund. Ei au recunoscut că lumina este guvernată de întuneric sau, așa cum sugerează scripturile hinduse, vizibilul apare din invizibil: atomul există în moleculă, care este influențată de mintea conștientă. Pentru ca mintea să se trezească la potențialul său de a schimba realitatea, ea trebuie mai întâi să fie liberă. Numai atunci când mintea se simte liberă își poate recunoaște potențialul și poate acționa în consecință. Această libertate vine din conștiința de sine și din înțelegerea legilor universului.

Pentru cei care nu le înțeleg, bogăția și sărăcia pot părea stări opuse ale existenței, fiecare oferind un mod diferit de a trăi realitatea. Cu toate acestea, această distincție are sens doar dacă privim banii ca pe un mijloc pentru atingerea unui scop. Când privim această distincție prin prisma oportunității și a relației noastre cu lumea fizică și cu cei care participă la ea, vedem că ea se manifestă în moduri care depășesc cu mult ceea ce prezintă lumea fizică. O persoană ne poate împrumuta banii de care avem nevoie, o bancă ne poate face un împrumut, iar noi putem genera idei valoroase, recunoscute de societate, care ne permit să îi dobândim.

Prin ideile noastre și prin capacitatea noastră de a observa realitatea faptic, putem atinge obiective care înainte păreau imposibile, cel puțin conform contextului social la care am fost expuși. Prin urmare, putem spune că imaginația este cea mai puternică abilitate umană: ceea ce îți poți imagina, poți realiza. De fapt, este cel mai bun mod de a dezvolta căi neurologice care ne îmbunătățesc percepția asupra tipului de viață pe care dorim să îl avem. Capacitățile noastre imaginative ghidează dezvoltarea creierului nostru, ajutându-ne să găsim posibilități. Din acest motiv, putem spune că mintea, ca sursă a imaginației noastre, are capacitatea de a ne modifica inteligența și de a ne crește potențialul de succes.

Mulți sportivi au descoperit acest lucru și și-au folosit imaginația pentru a se pregăti mental pentru obiectivele care îi așteptau. Puteți folosi același principiu pentru a accesa realități alternative. Dacă vă puteți imagina că vorbiți cu celălalt sine al dumneavoastră, care există într-o realitate alternativă în care sunteți cine doriți să fiți, puteți obține informații despre acest sine care ar putea fi dificil de înțeles sau de respins ca simplă fantezie. Această capacitate metacognitivă vă permite să realizați lucruri care anterior se aflau în afara spectrului vostru de autocunoaștere. Mai mult, atunci când imaginația ne oferă răspunsurile pe care le căutăm, aceasta devine la fel de tangibilă ca orice alt element al realității materiale.

Gândiți-vă, de exemplu, că înainte de a lua o decizie, vă puteți imagina cele două rezultate, având o imagine a unei linii temporale în care sinele vostru viitor experimentează deja ceea ce sinele vostru actual încă nu a văzut. În acest fel, puteți vorbi cu acest eu viitor și îl puteți întreba cum se simte, obținând o perspectivă mai profundă asupra imensului depozit de cunoștințe care se află în subconștientul său. În plus, acest exercițiu poate trezi potențialul de a visa premoniții în timp ce dormiți, permițându-vă să descoperiți secrete pe care alții s-ar putea să nu vi le dezvăluie niciodată, inclusiv planuri ascunse împotriva voastră. Adesea, în timpul somnului, primim avertismente despre lucruri de care nu suntem conștienți în rutinele noastre zilnice, ceea ce ne permite să ne pregătim pentru posibile conspirații împotriva noastră.

Acest potențial imaginativ extinde conștiința, mergând dincolo de ceea ce imaginația poate contempla. Utilizându-vă imaginația în mod frecvent și intenționat, puteți descoperi posibilități și vă puteți pregăti mai bine mental și emoțional pentru provocările viitoare. Atunci când luați o decizie, întrebați-vă pur și simplu: „Care este cel mai rău lucru care s-ar putea întâmpla?" Sunt pregătit pentru asta?

Deoarece sistemul educațional suprimă în general această abilitate, devalorizând potențialul artei și al exprimării creative, trebuie să o dezvoltăm la vârsta adultă. Putem stabili un ritual de dimineață în care să ne imaginăm tipul de viață pe care ni-l dorim și să-l întrebăm pe celălalt eu, într-o realitate paralelă, cine este și ce a făcut pentru a dobândi aceste lucruri. Gândurile care curg în mintea noastră din acea altă lume, din acel viitor alternativ, vor apărea în timp real, deoarece mintea nu are conceptul de timp.

Abilităţile noastre telepatice se manifestă chiar în momentul în care punem întrebări, deşi poate dura ceva timp să învăţăm să recunoaştem gândurile care vin la noi. Acestea se manifestă mai întâi ca energie şi vibraţie, care trebuie decodificate prin intermediul emoţiilor noastre.

Telepatia nu este o experienţă în care vorbim cuvânt cu cuvânt, ci mai degrabă o decodare a simbolurilor, semnificaţiilor şi sentimentelor pe care le transformăm în cuvinte în mintea noastră. Este ca şi cum ai vedea o uşă şi ai şti ce înseamnă fără a fi nevoie să verbalizezi cuvântul „uşă" înainte de a o folosi. În viaţa noastră de zi cu zi, îndeplinim multe sarcini care nu sunt verbalizate. Telepatia funcţionează conform aceloraşi principii atunci când comunicăm prin intermediul celorlalte expresii ale noastre în lumi paralele.

Capitolul 26: Închisoarea mentală a educației

Sistemul pe care ființele umane l-au construit pentru ele însele funcționează ca o închisoare mentală care modelează conștiința celor care sunt educați în el. Acesta îi adaptează pe indivizi să gândească și să se comporte în același mod, creând o uniformitate pe care mulți nu o recunosc ca fiind problematică. Dimpotrivă, oamenii se mândresc adesea cu faptul că sunt replici ale celorlalți, împărtășind aceleași convingeri, experimentând rezultate similare și trecând prin aceleași drame. Ei și-au normalizat viețile, consumând chiar și media care le reflectă propriile experiențe.

Mai mult, oamenii au învățat să accepte provocările zilnice cu care se confruntă, fără să vadă nimic rău în asta. Mulți mi-au spus că viața fără probleme este plictisitoare, ceea ce indică faptul că ei dau un sens luptelor lor. Acest lucru ar trebui să fie considerat anormal, dar nu este, deoarece oamenii care au aceste convingeri sunt de obicei condiționați de sistemul care le perpetuează. Schimbarea trebuie să aibă loc în interiorul individului înainte ca acesta să poată vedea defectele din gândirea sa.

Oamenii uită că soluțiile pe care le propun sunt doar reflectarea problemelor create de același sistem, pentru că sunt atât de condiționați de acesta încât uită acest lucru. Mulți oameni, de exemplu, se plâng că școlile îi învață doar să memoreze subiecte irelevante. Cu toate acestea, exact asta cere sistemul: oameni capabili să memoreze informații care nu au nicio valoare în viața lor, în esență roboți educați care pot reproduce lumea așa cum este ea, fără să o pună la îndoială sau să o schimbe. Sistemul forțează oamenii să se conformeze realității pe care vrea să o perpetueze. Prin urmare, problema nu este educația în sine, ci așteptările pe care oamenii le au de la ea. Atât educatorii, cât și elevii se străduiesc să mențină o societate care se opune schimbării, acordând prioritate memorării în detrimentul gândirii critice. Această structură este fundamentul societății și de aceea ea se susține.

Cei care au prea multe idei, pun prea multe întrebări și refuză să se adapteze la realitățile familiare sunt în general considerați nepotriviți pentru sistem. Ca urmare, elevii cu dificultăți academice interiorizează adesea convingerea că nu sunt capabili sau inteligenți. Această idee este o falsitate perpetuată de sistemul educațional. Mulți elevi capabili pur și simplu nu se încadrează în tiparul elevilor ascultători; ei excelează în independență și, cu îndrumarea potrivită, pot obține un succes financiar semnificativ.

Am întâlnit mai mulți elevi care s-au luptat cu modelul educațional convențional, dar care ar putea învăța rapid dacă li s-ar oferi instrumentele necesare pentru a gândi critic. Eu sunt unul dintre acei oameni. Nu am fost niciodată un elev bun; întotdeauna am văzut școala ca pe o pierdere de timp, iar profesorii ca fiind ineficienți și aroganți. Cu toate acestea, deoarece stilul meu de predare era diferit de cel standard, puțini studenți au văzut beneficiile învățării de la mine. Majoritatea oamenilor sunt atât de înrădăcinați în neadevăruri încât adevărul li se pare ciudat și poate părea chiar greșit. Ca urmare, am încetat să-mi mai pierd timpul predându-le celor care nu erau dispuși să învețe, deoarece puțini studenți îmi recunoșteau valoarea.

Procesul de evaluare în educație întruchipează ipocrizia unui sistem care obligă elevii să găsească soluții la probleme definite ca fiind relevante de el însuși. Nu este de mirare, așadar, că copiii văd școala ca pe o obligație și un sacrificiu; orice altceva li s-ar părea nefiresc. Această metodă de învățare întrerupe evoluția naturală a minții, care, în cele din urmă, nu are altă alternativă decât acest proces. Orice realizări neașteptate care apar în timpul obligației de a studia, legate de universul unic al unui individ, nu sunt în general apreciate. Ca urmare, cei care reușesc și merg la facultate nu sunt neapărat cei mai buni dintre noi, ci mai degrabă cei mai abili în a aplica sistemul fără a-l schimba.

Învățarea pe care spiritul o cere de la lumea exterioară se manifestă de obicei prin sugestii, adică o coincidență neașteptată în mediul înconjurător care nu corespunde situației curente a persoanei. Ar putea fi o întâlnire cu o persoană neașteptată sau o oportunitate care pare imposibilă. Cu toate acestea, dacă nu ne cultivăm curiozitatea copilărească, nu vom reuși întotdeauna să recunoaștem aceste oportunități pe măsură ce ne dezvoltăm mintea pentru a obține rezultate mai bune. Mulți nu reușesc să acționeze pentru că nu văd ceea ce mintea lor nu recunoaște. Nevoia de a acționa apare doar atunci când este legată de ceva intrinsec individului.

Cu alte cuvinte, o persoană va reacționa doar dacă percepe un beneficiu și este dispusă să îl urmărească. Acesta este un punct critic pe care susținătorii tehnicilor de vizualizare îl ratează adesea. Ei cred în mod eronat că există o corelație directă între vizualizare și manifestare, dar pentru ca acest lucru să fie adevărat, ar trebui să nu se țină cont de minte, de individualitate și de spiritul însuși în conștiința sa nemuritoare, ceea ce este ilogic.

Capitolul 27: Vizualizare și posibilitate

Tehnicile de vizualizare servesc la conectarea subconștientului cu mintea conștientă. Ele creează obiceiuri conștiente care ne ajută să identificăm oportunitățile potrivite în mediul nostru și ne permit să acționăm mai rapid și mai precis. Afirmațiile funcționează într-un mod similar. De exemplu, gândiți-vă la cineva căruia i s-a spus în mod repetat: „Nu vei reuși niciodată cu această personalitate" sau „Îmbogățirea nu este pentru oamenii săraci ca noi". Atunci când acești oameni găsesc oportunitățile potrivite, de obicei le ratează pentru că au fost condiționați să respingă în mod conștient ceea ce le iese în cale. Am asistat la acest fenomen de multe ori și adesea pare atât de absurd încât este greu de crezut.

De exemplu, i-am oferit unui prieten oportunitatea de a călători în China și de a-și dezvolta ideea de afaceri, dar a refuzat-o din cauza distanței și a fricii de a-și irosi timpul de vacanță, deoarece avea doar câteva zile libere de la serviciu. În mod similar, când i-am oferit cărți despre cum să creeze o afacere, nici măcar nu s-a deranjat să le citească. Totuşi, visul său era să devină un antreprenor de succes. Deloc surprinzător, acest vis nu s-a materializat niciodată. A profitat de oportunitățile şi aspirațiile pe care le-a avut prin intermediul meu, dar a sfârşit prin a eşua pentru că nu era dispus să renunţe la două săptămâni din viaţa sa şi era prea leneş să călătorească pe alt continent.

Majoritatea oamenilor pur şi simplu nu sunt pregătiți mental să urmărească ceea ce spun că îşi doresc în viaţă. Acţiunile lor nu se potrivesc cu vorbele lor, ceea ce este un indiciu clar că dorinţele lor nu vor fi niciodată realizate. Orice alte motive pe care le inventează pentru a-şi justifica lipsa de acţiune sunt doar scuze pentru a rămâne în situaţia lor actuală.

Spre deosebire de prietenul meu, eu am acceptat o ofertă de muncă în China, plătită cu mai puţin de jumătate din ceea ce câştigam la o companie aflată la cinci minute de mers pe jos de casa mea. Am acceptat slujba, care era la patru zboruri distanţă şi într-un oraş foarte rece, înainte de a avea banii necesari pentru a-mi acoperi cheltuielile de călătorie. Un împrumut neaşteptat de la bancă a venit câteva zile mai târziu, pentru că nimeni din cunoscuţii mei nu voia să-mi împrumute banii, deşi am insistat că îi voi plăti imediat cu salariul meu. Deoarece aveam mult timp liber ca profesor în China, mi-am scris majoritatea cărţilor acolo. Câţiva ani mai târziu, am renunţat la acel loc de muncă pentru a deveni scriitor cu normă întreagă şi pentru a călători prin lume.

Între timp, acest prieten a rămas exact unde era în urmă cu 15 ani, lucrând încă ca agent de securitate, pentru că nu a reuşit să îşi dezvolte afacerea sau să îşi găsească un loc de muncă legat de diploma sa universitară. La scurt timp după aceea, a devenit obsedat de vizita la psihiatru şi de administrarea de medicamente psihotrope pentru a face faţă vieţii sale mizerabile. Aceasta este definiţia unui ratat. Cu toate acestea, a devenit ratatul care este astăzi din propria sa voinţă. În mod inevitabil, devii ceea ce te defineşti a fi prin atitudinile, cuvintele şi alegerile tale.

Mulţi oameni cred că sărăcia le determină rezultatele, dar aceasta nu este o problemă gravă; dimpotrivă, este o condiţie financiară care poate fi depăşită prin căutarea oportunităţilor şi a cunoştinţelor. Am văzut acest lucru de nenumărate ori în propria mea viaţă şi în viaţa adepţilor mei. O persoană nu rămâne săracă doar pentru că este săracă; ea rămâne săracă pentru că nu caută oportunităţi de a învăţa, de a se îmbunătăţi şi de a-şi dezvolta abilităţile necesare pentru a obţine slujba visată.

În plus, mulţi oameni cred în mod eronat că trebuie să ştie care va fi următorul pas în viaţa lor şi că acest pas le va determina întreaga existenţă. Această presupunere este arogantă şi lipsită de viziune, deoarece oamenii realizează adesea mult mai mult decât îşi dau seama în diferite domenii ale vieţii. Cele mai bune oportunităţi pe care le-au găsit oamenii pe care îi cunosc nu au fost legate de ceea ce au crezut iniţial că pot face; în multe cazuri, acestea au fost abilităţi pe care le-au învăţat singuri.

Diferenţa dintre aceşti oameni şi oamenii obişnuiţi este dorinţa lor de a învăţa, de a încerca, de a eşua şi de a învăţa din greşelile lor. Ei sunt, de asemenea, deschişi să caute oportunităţi peste tot în lume, mergând oriunde li se deschid uşile. Ei traversează continentele şi realizează lucruri pe care localnicii se luptă adesea să le găsească.

Mulţi dintre foştii mei studenţi au obţinut locuri de muncă în ţări în care localnicii se străduiesc să găsească de lucru. Au reuşit acest lucru pentru că au avut o minte deschisă şi au căutat oportunităţi în afara zonei lor de confort.

Există, de asemenea, cei care sunt atât de hotărâţi să reuşească încât nu renunţă pentru nimic în lume. Una dintre cititoarele mele s-a mutat în Anglia cu o viză de student şi a obţinut imediat un loc de muncă ca chelneriţă într-un restaurant. A obţinut slujba mergând din uşă în uşă cu copii ale CV-ului ei. După ce a obţinut slujba şi viza, şi-a menţinut acest stil de viaţă atât timp cât a fost nevoie pentru a termina facultatea. Apoi a obţinut o slujbă bine plătită în Londra, unde locuieşte şi acum.

Capitolul 28: Călătoria către manifestare

Soluțiile la problemele noastre nu sunt întotdeauna simple. Adesea trebuie să trecem prin mai multe etape înainte de a ne putea manifesta visele. Cu toate acestea, acest proces are loc doar atunci când suntem pregătiți mental. Prin urmare, este esențial să vizualizăm și să afirmăm rezultatele dorite înainte ca acestea să se materializeze. Acest lucru poate fi la fel de simplu ca vizualizarea imaginilor cu ceea ce ne dorim în fiecare seară și apoi închiderea ochilor și imaginarea noastră în acele scene. Frazele pe care ni le repetăm ar trebui să conțină afirmații care ne sporesc potențialul magnetic de a atrage ceea ce ne dorim. De exemplu, dacă o persoană a auzit ani de zile că este săracă și nu va fi niciodată bogată, ar trebui să înlocuiască această frază cu ceva de genul: „Sunt sărac, dar pot fi bogat". Apoi ar trebui să continue să repete: „Pot fi bogat".

Chiar puteți fi bogați. Toată lumea are acest potențial; tot ce trebuie să faceți este să îl recunoașteți în interiorul vostru și să mențineți impulsul către obiectivul vostru. Nu contează cât timp îți ia să-ți realizezi visele, pentru că ele sunt întotdeauna realizabile. Trebuie să te gândești ce trebuie să se schimbe în tine pentru a grăbi procesul. Cu siguranță, cineva care citește cu voracitate are o capacitate de înțelegere mult mai mare decât o persoană obișnuită care se luptă să își înțeleagă realitatea, pentru că nu poate vedea ceea ce nu înțelege.

Am accelerat întotdeauna rezultatele în viața mea, chiar și atunci când totul părea pierdut și nu exista nicio speranță, pentru că sunt un cititor vorace. Când munca de 16 ore pe zi nu era suficientă pentru a-mi acoperi cheltuielile și viața mea părea sumbră, am devorat tot ce am putut învăța despre credință, magie și ocultism. Am aplicat apoi tehnicile pe care le învățasem, căutând cele mai eficiente metode. Deși imperfecte, determinarea și credința mea în proces m-au adus atât de aproape de obiectivul meu încât singura modalitate de a eșua era să las oportunitatea să treacă.

De atunci, am depășit provocările create de alți oameni din cauza discriminării, rasismului, invidiei și a altor emoții negative. Între timp, am observat că mulți oameni pot realiza ceea ce își doresc, dar resping posibilitatea din cauza lipsei de cunoștințe sau a fricii. Ei nu-mi citesc cărțile după ce m-au cunoscut sau le este teamă să se schimbe. Găsesc acest lucru oarecum ridicol, dar, în cele din urmă, oamenii sunt responsabili de propriul lor destin. Așa că nu încerc niciodată să descurajez pe cineva să acționeze în baza ignoranței sale sau să îl conving să îmi citească cărțile.

Mi-am dat seama că mulți oameni sunt prea orbi pentru a vedea valoarea a ceea ce au în față, chiar și atunci când vine din partea unui autor. Râd de ceea ce spun și presupun că nu sunt capabil să scriu pe larg sau că nu am cunoștințe semnificative, dar acționează împotriva propriilor interese. Ceea ce cred ei despre mine nu schimbă realitatea mea, ci doar îi definește pe ei și rezultatele lor în viață. De fapt, nu aștept nimic de la cineva care mă insultă; ei sunt doar fideli naturii lor. Aș fi un prost să mă aștept ca un idiot să acționeze diferit.

Majoritatea oamenilor sunt atât de hotărâți să își mențină viața actuală, chiar dacă spun că vor să se schimbe, încât este o pierdere de timp să încerci să îi ajuți. De exemplu, aveam o prietenă care era instructor de fitness și citise foarte mult despre cum să înceapă o afacere. Mi-a arătat cu mândrie colecția ei extinsă de cărți pe această temă. Deși mi s-a părut impresionant, nu a fost suficient, deoarece ea nu avea de fapt o afacere. La momentul respectiv, aveam un magazin online de articole sportive care mergea bine, dar îmi ocupa prea mult timp și voiam să îl vând. Am decis să îi ofer afacerea prietenei mele, fără nicio condiție. Spre surprinderea mea, ea a refuzat, susținând că nu înțelege afacerile online. Am insistat că aș putea să îi explic ce trebuie să știe și să o ajut să o transforme într-o afacere fizică, permițându-i să vândă direct clienților ei din sala de sport. Chiar și așa, ea a respins oferta.

Câteva luni mai târziu, când și-a pierdut locul de muncă la sală și lucra temporar ca freelancer, i-am oferit din nou magazinul online, dar a refuzat din nou. Refuza o ocazie de aur de a-și conduce propria afacere cu articole sportive cu ajutorul meu. Atunci de ce citea atâtea cărți pe această temă? Care era rostul tuturor tehnicilor sale privind Legea Atracției dacă refuza oportunități care îi erau oferite gratuit? Evident, această femeie nu a făcut nicio schimbare în viața ei și, câțiva ani mai târziu, încă face ceea ce făcea înainte, acum lucrând într-o nouă sală de sport, dar fără să dezvolte niciun fel de afacere. Nu este adevărat că cititul cărților este o pierdere de timp, așa cum cred unii oameni, dar la fel cum acțiunea fără cunoaștere este inutilă, ai nevoie de amândouă. Cititul devine o pierdere de timp dacă nu aplici ceea ce ai citit.

Capitolul 29: Frica de posibilități

Principalul motiv pentru care mulți oameni duc o viață nefericită este teama lor de oportunitățile care le ies în cale, care provine dintr-o lipsă de pregătire mentală. Adesea, aceștia nu sunt conștienți de ceea ce este posibil, de cine sunt ei ca indivizi și de ceea ce pot realiza. În timp ce unii se confruntă cu nenorociri care par unice pentru ei, alții atrag situații pozitive care scapă celor mai mulți. De exemplu, poate părea imposibil ca o bancă să te sune din senin pentru a-ți oferi bani, dar mie mi s-a întâmplat când am avut cea mai mare nevoie. De atunci, m-am aflat în nenumărate situații în care concentrarea mea m-a dus exact acolo unde doream să fiu, chiar și atunci când oportunitățile păreau inițial de neatins.

Anumite experiențe ți se întâmplă ție și nimănui altcuiva și nu este nevoie să le explici logic. Mulți oameni mă întreabă cum reușesc să scriu atât de multe cărți atât de repede, dar nu vor înțelege niciodată pentru că ei nu sunt ca mine; nu au ceea ce trebuie. Orice le-aș spune, ei vor rămâne ignoranți. De fapt, mi-am dat seama că îmi pierd timpul explicând cum scriu cărți, pentru că oamenii ascultă și apoi îmi denaturează cuvintele sau inventează teorii pe care nu le-am menționat niciodată.

Îmi amintesc o conversație cu o femeie în vârstă dintr-un grup religios, în care i-am explicat că am fost lector universitar și că am făcut multă muncă de consultanță. De asemenea, am menționat lecturile mele aprofundate și cercetarea informațiilor istorice. Cu toate acestea, acea femeie rătăcită a spus restului grupului că mi-am obținut cunoștințele prin înregistrări magice în aer. Aceste experiențe cu adulții din grupurile religioase m-au făcut să îmi pierd interesul pentru întâlnirile lor. Creștinii m-au acuzat că vorbesc cu demonii, în timp ce francmasonii au presupus că vorbesc cu spiritele morților.

Nivelul de ignoranță al oamenilor m-a făcut să realizez că îmi pierd timpul pentru că nu mă ascultă. În schimb, ei caută în cuvintele mele confirmarea propriilor convingeri, îmi denaturează afirmațiile și răspândesc zvonuri false bazate pe presupunerile lor, pentru că sunt prea aroganți și ignoranți pentru a-mi înțelege mesajul. Din cauza acestor experiențe, nu mai simt nevoia să explic nimic despre ceea ce fac.

Le permit ignoranților să rămână ignoranți și să își accepte soarta, pentru că ei vor acționa întotdeauna conform naturii lor. De fapt, toate grupurile religioase pe care le-am întâlnit s-au dovedit a fi o pierdere totală de timp, pline de indivizi care inventează prostii și se agață de dogme și interpretări greșite. Ei nu înțeleg nimic, nici măcar propriile lor texte. Sunt indivizi care pretind că sunt importanți, dar nu sunt altceva decât niște farsori. Rosicrucianismul, creștinismul, francmasoneria și multe alte grupuri, inclusiv budismul, nu sunt altceva decât un circ de clovni. Nivelul lor de înțelegere este atât de scăzut încât trebuie să fii la fel de prost pentru a găsi ceva util în haos. Singurul aspect pozitiv pe care l-am observat în grupurile religioase este atunci când oamenii stau în tăcere, deoarece chiar și cântecele lor pot fi iritante pentru mine.

Deși nu ar trebui să ignori niciodată ceea ce ți se prezintă, adesea lucrurile care ți se prezintă nu fac decât să te conducă în direcția opusă. Am ajuns la această concluzie prin experiențele mele cu diverse grupuri religioase. Ignoranța, iluziile, ipocrizia, minciunile și lipsa lor de respect m-au făcut să-mi dau seama de propria valoare și m-au determinat să scriu din ce în ce mai repede. Este adevărat că totul are un scop, dar uneori acest scop este pur și simplu să îți dai seama de propria valoare. Când ești înconjurat de oameni ignoranți, nu ar trebui să te simți descurajat, ci întărit.

După aceste experiențe, m-am mutat în Albania, Grecia, Malaezia, Filipine și Thailanda, unde am scris mult și m-am bucurat de viața pe plajă. Ei pot gândi ce vor, pentru mine nu contează. În timp ce viața lor este dictată de iluziile minților lor, a mea este plină de satisfacții. De fapt, două dintre cele mai stupide întrebări pe care mi le pun adesea oamenii sunt: „Care este cea mai bună religie?" și „Ce autor îmi recomandați?". Mi se pare incredibil că aceste întrebări sunt puse. Ele merită doar tăcere.

Ei pun întrebări bazate pe realitatea pe care o cunosc. Dacă sunt aroganți, văd foarte puțin, așa că întrebările lor adesea nu au sens. Adesea nu au nimic de-a face cu realitatea, ci mai degrabă cu propriile lor convingeri. Se înfurie atunci când le spun adevărul, pentru că le lipsește empatia. Sunt foarte hotărâți să demonstreze că au dreptate, ceea ce este o prostie. Dacă te înșeli, cum vei ști dacă tot încerci să găsești dovezi ale propriilor concepții greșite? Mulți oameni care nu ştiu să cânte, de exemplu, ar trebui să recunoască acest lucru şi să ia lecţii de canto, în loc să-i forţeze pe alţii să confirme şi să accepte o realitate care nu există. Dacă cineva nu are talent, cel mai bun lucru de făcut este să recunoască acest lucru şi să depună eforturi pentru a se autodepăşi, mai degrabă decât să încerce să forţeze un rezultat care nu se va materializa niciodată. În acelaşi mod, un om trebuie mai întâi să îşi recunoască nevoile înainte de a căuta, găsi şi accepta cunoştinţele care îl vor ajuta să îşi îndeplinească dorinţele.

Capitolul 30: Confruntarea cu trauma

Mulți oameni găsesc dificil să învețe pentru că se împotrivesc schimbării. Schimbarea poate fi intimidantă, determinându-i pe oameni să se agațe de obiceiurile dăunătoare pentru a evita să se simtă rușinați. Pentru unii, este nevoie de ani de zile pentru a recunoaște o serie de greșeli, chiar și atunci când soluțiile sunt prezentate în mod constant. Dar ceea ce conștiința nu recunoaște, ochii nu văd. Pentru ca conștiința să se trezească, este necesar să existe suficiente cunoștințe, care pot fi dobândite prin experiențe repetate cu greșeli similare. Percepția evoluează prin analiza comparativă a acestor experiențe, permițând individului să le recunoască ulterior. Numai atunci acest răspuns este acceptat, deoarece a fost recunoscut de individ și a devenit parte a înțelegerii sale.

În esență, acceptăm doar ceea ce percepem ca fiind al nostru, iar ceea ce este în conformitate cu identitatea noastră se simte autentic. Acesta este motivul pentru care multe traume rămân îngropate în inconștient: în general, refuzăm să acceptăm evenimentele care au avut loc în viaţa noastră. Negarea acestor amintiri ne determină să evităm sistematic experienţele care ar putea evoca sentimente similare, în încercarea de a scăpa de posibila suferinţă imaginată. În consecinţă, persoanele care refuză să îşi înfrunte greşelile şi traumele tind să îşi restrângă spaţiul fizic şi mental de teama schimbării.

Această teamă este agravată de convingerea că siguranţa poate fi găsită doar în prezenţa altor persoane care oferă sprijin psihologic. Această convingere promovează teama de izolare, care este intrinsec legată de teama de schimbare. Atunci când ne temem de schimbare, ne este frică în esenţă de a o lua de la capăt fără sprijinul şi compania altor persoane. Ca urmare, ne limităm potenţialul emoţional mulţumindu-ne cu ceea ce este comun, cunoscut şi previzibil.

Cu toate acestea, succesul, împlinirea şi fericirea se află adesea dincolo de aceste temeri. Prin urmare, teama de pierdere şi eşec este strâns legată de teama de succes şi fericire. De fapt, teama de nefericire îi poate determina pe oameni să evite fericirea cu totul. Aceştia se pot teme să devină fericiţi deoarece acest proces îi poate duce la experienţa nefericirii.

Cu cât o persoană are mai multe traume în trecut, cu atât mai mult încearcă să le blocheze. Acest efort de a uita aceste experienţe le poate condiţiona alegerile în prezent, determinându-le să evite riscurile potenţiale asociate cu confruntarea cu traume similare, simţindu-se vinovate şi ruşinate. Aceasta este o formă de autoprotecţie, deşi în detrimentul dezvoltării personale, deoarece neagă potenţialul de a obţine mai mult din viaţă. În cele din urmă, însă, amintirile noastre trebuie confruntate până când nu mai au un impact emoțional, chiar dacă ele pot rămâne în memoria unei persoane o viață întreagă - sau chiar mai multe vieți.

Doar atunci când suntem capabili să ne înfruntăm temerile ne putem descoperi în sfârșit esența. Cu această înțelegere, putem persista în realizarea potențialului nostru, așa cum ne este dezvăluit prin imaginația noastră și prin visele la care tânjim. Tot ceea ce ne dorim să devenim este doar la o alegere distanță. Dar totul începe cu alegerea de a visa.

Glosar de termeni

Audacitate: capacitatea de a lua decizii rapid și eficient, adesea în fața incertitudinii sau a fricii. În această carte, îndrăzneala se referă la curajul și înțelepciunea necesare pentru a lua decizii în cunoștință de cauză care să conducă la succes și dezvoltare personală.

Ignoranța este definită ca o lipsă de cunoștințe sau de conștientizare care conduce adesea la credințe și acțiuni greșite. Ignoranța este discutată ca o condiție comună în rândul multor oameni, care îi determină să ia decizii greșite și să nu reușească să se dezvolte personal. Cartea subliniază importanța căutării cunoașterii și înțelepciunii pentru a o depăși.

Karma: un principiu spiritual de cauză și efect în care acțiunile și intențiile afectează experiențele viitoare. În contextul dezvoltării personale și al luării deciziilor, se discută despre karma, subliniindu-se importanța asumării responsabilității pentru acțiunile proprii și consecințele acestora.

Conformismul este tendința de a-ți schimba comportamentul sau gândirea pentru a te potrivi cu majoritatea sau cu normele sociale. Cartea analizează modul în care conformismul poate împiedica dezvoltarea personală și gândirea critică, deoarece oamenii acordă adesea prioritate adaptării în locul luării de decizii independente.

Îndoială: un sentiment de nesiguranță sau lipsă de convingere, de obicei cu privire la propria persoană sau la abilitățile sale. Îndoiala este descrisă ca o otravă care poate împiedica dezvoltarea personală și capacitatea de a lua decizii, adesea insuflată de persoane care pretind că ne iubesc sau ne susțin.

Ego: sentimentul de sine sau identitatea personală, caracterizat de obicei prin importanța de sine și nevoia de validare externă. Cartea explorează modul în care ego-ul poate fi o barieră în calea dezvoltării personale și a fericirii adevărate, determinându-i pe oameni să caute validarea externă mai degrabă decât înțelepciunea interioară.

Egoismul este calitatea de a se preocupa excesiv sau exclusiv de propria persoană, adesea în detrimentul altora. Egoismul este discutat ca o trăsătură comună care poate duce la decizii greșite și relații conflictuale. Cartea discută despre modul în care oamenii egoiști îi pedepsesc adesea pe cei care îi ajută.

Starea de zombi: o stare mentală metaforică caracterizată prin lipsa conștiinței, a gândirii critice și a dezvoltării personale. Cartea folosește termenul „stare de zombi" pentru a descrie starea oamenilor profund ignoranți și conformiști care trăiesc o viață stagnantă din punct de vedere mental.

Evoluția spirituală este procesul de creștere și dezvoltare personală, care implică de obicei căutarea înțelepciunii și a cunoașterii de sine. Evoluția spirituală este o temă centrală a cărții, care subliniază importanța creșterii personale și a descoperirii de sine pentru a lua decizii eficiente și a atinge fericirea.

Frica este răspunsul emoțional la percepția unei amenințări sau a unui pericol, care conduce de obicei la inacțiune sau evitare. Frica este identificată drept un obstacol major în calea luării de decizii eficiente și a atingerii obiectivelor personale. Învingerea fricii este tema centrală a cărții.

Perseverența este capacitatea de a persista în fața dificultăților sau a întârzierilor. Perseverența este prezentată ca o caracteristică fundamentală pentru obținerea succesului și depășirea obstacolelor. În carte, aceasta este adesea asociată cu rapiditatea și sacrificiul.

Pragmatismul este o abordare practică a rezolvării problemelor și a luării deciziilor, care se concentrează pe ceea ce funcționează, nu pe idealuri teoretice. Cartea subliniază importanța pragmatismului în învățare și dezvoltare personală, deoarece cunoștințele teoretice nu sunt suficiente pentru a lua decizii eficiente.

Înțelepciunea este capacitatea de a gândi și de a acționa cu cunoștințe, experiență, înțelegere, bun simț și discernământ. Înțelepciunea este subliniată ca un factor-cheie în luarea deciziilor eficiente și în dezvoltarea personală. Cartea discută rolul înțelepciunii în depășirea fricii și a ignoranței.

Cerere de recenzie de carte

D ragă cititorule,

Îți mulțumim că ai cumpărat această carte! Mi-ar plăcea să primesc vești de la dumneavoastră. Scrierea unei recenzii de carte ne ajută să ne înțelegem cititorii și, de asemenea, influențează deciziile de cumpărare ale altor cititori. Opinia dumneavoastră este importantă. Vă rugăm să scrieți o recenzie de carte! Bunăvoința dumneavoastră este foarte apreciată!

Despre autor

an Desmarques este un autor de renume, cu un palmares remarcabil în lumea literară. Cu un portofoliu impresionant de 28 de bestselleruri pe Amazon, inclusiv opt bestselleruri numărul 1, Dan este o figură respectată în industrie. Bazându-se pe trecutul său de profesor universitar de scriere academică și creativă, precum și pe experiența sa de consultant de afaceri experimentat, Dan aduce o combinație unică de expertiză în munca sa. Perspectivele sale profunde și conținutul său transformator se adresează unui public larg, acoperind subiecte atât de diverse precum creșterea personală, succesul, spiritualitatea și sensul profund al vieții. Prin intermediul scrierilor sale, Dan îi împuternicește pe cititori să se elibereze de limitări, să-și elibereze potențialul interior și să pornească într-o călătorie de autodescoperire și transformare. Pe o piață competitivă de auto-ajutorare, talentul excepțional și poveștile inspirate ale lui Dan fac din el un autor de excepție, motivându-i pe cititori să se implice în cărțile sale și să pornească pe calea creșterii și iluminării personale.

Scris tot de autor

1. 66 Days to Change Your Life: 12 Steps to Effortlessly Remove Mental Blocks, Reprogram Your Brain and Become a Money Magnet

2. A New Way of Being: How to Rewire Your Brain and Take Control of Your Life

3. Abnormal: How to Train Yourself to Think Differently and Permanently Overcome Evil Thoughts

4. Alignment: The Process of Transmutation Within the Mechanics of Life

5. Audacity: How to Make Fast and Efficient Decisions in Any Situation

6. Beyond Belief: Discovering Sacred Moments in Everyday Life

7. Beyond Illusions: Discovering Your True Nature

8. Beyond Self-Doubt: Unleashing Boundless Confidence

for Extraordinary Living

9. Breaking Free from Samsara: Achieving Spiritual Liberation and Inner Peace

10. Breakthrough: Embracing Your True Potential in a Changing World

11. Christ Cult Codex: The Untold Secrets of the Abrahamic Religions and the Cult of Jesus

12. Codex Illuminatus: Quotes & Sayings of Dan Desmarques

13. Collective Consciousness: How to Transcend Mass Consciousness and Become One With the Universe

14. Creativity: Everything You Always Wanted to Know About How to Use Your Imagination to Create Original Art That People Admire

15. Deception: When Everything You Know about God is Wrong

16. Demigod: What Happens When You Transcend The Human Nature?

17. Discernment: How Do Your Emotions Affect Moral Decision-Making?

18. Design Your Dream Life: A Guide to Living Purposefully

19. Eclipsing Mediocrity: How to Unveil Hidden Realities

and Master Life's Challenges

20. Energy Vampires: How to Identify and Protect Yourself

21. Fearless: Powerful Ways to Get Abundance Flowing into Your Life

22. Feel, Think and Grow Rich: 4 Elements to Attract Success in Life

23. Find More with Less: Uncluttering Your Mind, Body, and Soul

24. Find Your Flow: How to Get Wisdom and Knowledge from God

25. Hacking the Universe: The Revolutionary Way to Achieve Your Dreams and Unleash Your True Power

26. Holistic Psychology: 77 Secrets about the Mind That They Don't Want You to Know

27. How to Change the World: The Path of Global Ascension Through Consciousness

28. How to Get Lucky: How to Change Your Mind and Get Anything in Life

29. How to Improve Your Self-Esteem: 34 Essential Life Lessons Everyone Should Learn to Find Genuine Happiness

30. How to Study and Understand Anything: Discovering

31. How to Spot and Stop Manipulators: Protecting Yourself and Reclaiming Your Life

32. Intuition: 5 Keys to Awaken Your Third Eye and Expand Spiritual Perception

33. Karma Mastery: Transforming Life's Lessons into Conscious Creations

34. Legacy: How to Build a Life Worth Remembering

35. Master Your Emotions: The Art of Intentional Living

36. Mastering Alchemy: The Key to Success and Spiritual Growth

37. Metanoia Mechanics: The Secret Science of Profound Mental Shifts

38. Metamorphosis: 16 Catalysts for Unconventional Growth and Transformation

39. Mindshift: Aligning Your Thoughts for a Better Life

40. Mind Over Madness: Strategies for Thriving Amidst Chaos

41. Money Matters: A Holistic Approach to Building Financial Freedom and Well-Being

42. Quantum Leap: Unleashing Your Infinite Potential

43. Religious Leadership: The 8 Rules Behind Successful Congregations

44. Reset: How to Observe Life Through the Hidden Dimensions of Reality and Change Your Destiny

45. Resilience: The Art of Confronting Reality Against the Odds

46. Raise Your Frequency: Aligning with Higher Consciousness

47. Revelation: The War Between Wisdom and Human Perception

48. Spiritual Anarchist: Breaking the Chains of Consensual Delusion

49. Spiritual DNA: Bridging Science and Spirituality to Live Your Best Life

50. Spiritual Warfare: What You Need to Know About Overcoming Adversity

51. Starseed: Secret Teachings about Heaven and the Future of Humanity

52. Stupid People: Identifying, Analyzing and Overcoming Their Toxic Influence

53. Technocracy: The New World Order of the Illuminati and The Battle Between Good and Evil

54. The 10 Laws of Transmutation: The Multidimensional Power of Your Subconscious Mind

55. The 14 Karmic Laws of Love: How to Develop a Healthy and Conscious Relationship With Your Soulmate

56. The 33 Laws of Persistence: How to Overcome Obstacles and Upgrade Your Mindset for Success

57. The 36 Laws of Happiness: How to Solve Urgent Problems and Create a Better Future

58. The Alchemy of Truth: Embracing Change and Transcending Time

59. The Altruistic Edge: Succeeding by Putting Others First

60. The Antagonists: What Makes a Successful Person Different?

61. The Antichrist: The Grand Plan of Total Global Enslavement

62. The Art of Letting Go: Embracing Uncertainty and Living a Fulfilling Life

63. The Awakening: How to Turn Darkness Into Light and Ascend to Higher Dimensions of Existence

64. The Egyptian Mysteries: Essential Hermetic Teachings for a Complete Spiritual Reformation

65. The Dark Side of Progress: Navigating the Pitfalls of

Technology and Society

66. The Evil Within: The Spiritual Battle in Your Mind
Deception: When Everything You Know about God is
Wrong

67. The Game of Life and How to Play It: How to Get
Anything You Want in Life

68. The Hidden Language of God: How to Find a Balance
Between Freedom and Responsibility

69. The Mosaic of Destiny: Deciphering the Patterns of Your
Life

70. The Most Powerful Quotes: 400 Motivational Quotes
and Sayings

71. The Multidimensional Nature of Reality: Transcending
the Limits of the Human Mind

72. The Secret Beliefs of The Illuminati: The Complete
Truth About Manifesting Money Using The Law of
Attraction That is Being Hidden From You

73. The Secret Empire: The Hidden Truth Behind the Power
Elite and the Knights of the New World Order

74. The Secret Science of the Soul: How to Transcend
Common Sense and Get What You Really Want From
Life

75. The Spiritual Laws of Money: The 31 Best-kept Secrets to Life-long Abundance

76. The Spiritual Mechanics of Love: Secrets They Don't Want You to Know about Understanding and Processing Emotions

77. The Universal Code: Understanding the Divine Blueprint

78. The Unknown: Exploring Infinite Possibilities in a Conformist World

79. The Narcissist's Secret: Why They Hate You (and What to Do About It)

80. Thrive: Spark Creativity, Overcome Obstacles and Unleash Your Potential

81. Transcend: Embracing Change and Overcoming Life's Challenges

82. Uncharted Paths: Pursuing True Fulfillment Beyond Society's Expectations

83. Uncompromised: The Surprising Power of Integrity in a Corrupt World

84. Unacknowledged: How Negative Emotions Affect Your Mental Health?

85. Unapologetic: Taking Control of Your Mind for a

Happier and Healthier Life

86. Unbreakable: Turning Hardship into Opportunity

87. Uncommon: Transcending the Lies of the Mental Health Industry

88. Unlocked: How to Get Answers from Your Subconscious Mind and Control Your Life

89. Why do good people suffer? Uncovering the Hidden Dynamics of Human Nature

90. Your Full Potential: How to Overcome Fear and Solve Any Problem

91. Your Soul Purpose: Reincarnation and the Spectrum of Consciousness in Human Evolution

Despre editor

Această carte a fost publicată de Editura 22 Lions Publishing.

www.22Lions.com